少太山의 마음공부
온·생·취

군산 최정풍 교무 씀

온전한
생각으로
취사하자!

도 서 출 판
마음공부

[일러두기]

1. 소태산少太山 : 원불교 교조 박중빈朴重彬의 법호. 원각성존圓覺聖尊 또는 대종사大宗師라 존칭. 이 책에서는 '소태산 대종사' 대신 '소태산'으로 표기함.

2. 정전正典 : 원불교의 기본 경전으로 소태산이 직접 저술하여 1943년(원기28) 〈불교정전〉으로 발간. 1962년(원기47) 그의 어록인 〈대종경〉과 함께 〈원불교교전〉으로 합간. 총서편, 교의편, 수행편으로 구성됨.

3. 대종경大宗經 : 소태산 대종사의 언행록으로 원불교 교서의 하나. 총 15품 547장으로 구성. 1962년(원기47)에 완정하여 〈정전〉과 합본, 〈원불교교전〉으로 편찬 발행함.

4. 정산종사법어鼎山宗師法語 : 원불교 교서의 하나. 소태산 대종사의 수제자인 정산종사의 법문과 제자들이 수필한 법문을 수록. 〈세전〉世典과 〈법어〉法語로 구성됨.

5. 대산종사법어大山宗師法語 : 원불교 교서의 하나. 정산종사의 뒤를 이은 대산종사가 33년간 종법사로 재임하면서 설한 법문을 수록함.

6. 법문은 연한 글씨로 표기. 단, 본문 중에 삽입된 짧은 인용문은 진하게 표기.
   법문의 완전 인용과 부분 인용은 " " 로 표기함.

少太山의 마음공부

온·생·취

군산 최정풍 교무 씀

온전한
생각으로
취사하자!

머리말

선택의
기로에서

    삶은 늘 선택의 갈림길에 있습니다. 늘 무언가를 선택해야 하죠. 선택을 한 다음 그 결과에 따라 웃음 짓기도 하고 눈물짓기도 합니다. 후회없는 선택만으로 일생을 보내는 사람이 과연 있을까 싶습니다.

   아침 일찍 울어대는 알람 소리를 들을 때부터 선택은 시작됩니다. 일어날까 더 잘까. 아침 식사를 할까 말까. 버스를 탈까 택시를 탈까. 이 문자에 즉답을 할까 말까. 저 사람의 제안에 긍정의 답을 할까 말까. 이 직장은 언제까지 다녀야 할까. 친한 친구의 보증을 서줘야 하나 말아야 하나. 저 사람과 결혼을 해야 할까 하지 말아야 할까. 가던 길을 계속 가야 할까 다른 길로 가야 할까. 삶의 마무리를 어떻게 해야 할까….

선택과 선택의 연속이 삶의 과정인지도 모릅니다. 현재의 나는 과거에 내가 했던 선택들의 집적이라고 할 수 있습니다. 현재의 선택은 또 미래의 나를 좌우할 것입니다. 선택을 잘 했다면 내 삶은 성공적이고 행복할 것입니다. 누구나 선택을 잘하기 위해서 노력하지만 누가 정답을 찾았는지는 알 수 없죠. 설사 누군가 자신이 한 선택의 결과에 만족한다고 해서 꼭 그 선택이 맞고 옳은 선택이었는지는 알 수 없죠. 또한 타인의 평가가 선택의 옳고 그름을 제대로 가려주는 것도 아닙니다.

'선택選擇'이라는 말의 의미를 더 드러내려면 그 앞에 '취사取捨'라는 말을 더하면 됩니다. '취사선택'은 무언가를 '取-취하고, 捨-버리고, 選-골라서, 擇-택하는' 행위죠. 동어반복입니다만 무언가를 고른다는 것은 무언가를 취한다는 것이고 무언가를 취한다는 것은 그 밖의 것을 버린다는 것이죠. 취사의 과정이 선택의 결과로 이어집니다.

사과 한 개를 선택하는 일이라면 이래도 그만 저래도 그만일 수 있지만, 결혼을 할까 말까, 투자를 할까 말까, 관계를 맺을까 끊을까를 고민할 때는 취사선택에 이르는 과정이 매우 중요합니다. 일시적인 감정에 끌려서 결정해도 곤란하고, 습관이나 선입견에 끌려서 선택해도 후회를 동반하게 됩니다.

소태산은 '온전한 생각으로 취사하기를 주의'하자고 했습니다. 온전한 마음으로 지혜로운 생각을 해야 취사선택을 잘 할 수 있다고 보았습니다. 결국 '온전함'에 대한 이해가 앞서야 합니다. 온전함은 무엇이고 어떻게 해야 온전한 생각을 할 수 있는 것인지, 우리가 톺아보고자 하는 바입니다.

이 책은 수많은 경계 상황 속에서 어떻게 행동해야 할 것인가에 대한 소태산의 대표적 대안인 '온·생·취' 마음공부에 대한 내용을 담고 있습니다. 소태산 수행론의 핵심인 삼학(정신수양, 사리연구, 작업취사) 공부를 일상생활 속에서 늘 할 수 있도록 한, '상시훈련법' 가운데 하나인 '상시응용 주의사항 1조의 '응용하는 데 온전한 생각으로 취사하기를 주의할 것이요.'를 주제로 삼았습니다. 소태산의 마음공부를 하고 있거나 하려고 하는 이들을 위한 안내와 교육·훈련을 위한 참고 교재입니다.

소태산의 수행론은 매우 풍부합니다. 그가 직접 기술한 〈정전正典〉을 보면 바로 알 수 있습니다. 그런데 왜 소태산 마음학교에서는 그토록 풍부한 마음공부 중 유독 한 줄에 불과한 '응용하는 데 온전한 생각으로 취사하기를 주의할 것이요.' 상시응용 주의사항 1조를 주제로 삼았을까요.

이 책의 제목이기도 한 온·생·취 마음공부를 택한 이유는 간단합니다. 현대인들은 물론 미래사회를 살아갈 사람들에게 반드시 필요한 내용이기 때문입니다. 아직도 선과 명상 그리고 수행이라는 이미지는 정적이고 출세간적이죠. 일과 공부는 엄연히 나뉘어 있고 구체적 삶의 현장은 수행의 장이 되지 못하고 있습니다. 성聖은 속俗과 나뉘고, 일은 공부와 나뉘고, 동動은 정靜과 나뉘어왔죠. 소태산이 극복하고자 했던 경계입니다. 그는 이런 이분법과 분별을 녹여내고자 했습니다. 필자는 그 중심에 온·생·취 마음공부가 있다고 보았습니다.

보통 사람들이 일하고 공부하고 쉬고 먹고 잠자는 일상 자체가 수행이 되어야 합니다. 지금 여기가 극락정토여야 하고 이 세상이 낙원세상이 되어야 합니다. 물질문명과 정신문명의 조화를 이루고자 했던 소태산의 바람은 지금 여기서 보통 사람들의 일상 속에서 구현되어야 합니다. 지금 여기서 할 수 있는 수행의 귀결이 바로 온·생·취 마음공부입니다.

온·생·취 마음공부는 단순히 마음을 편안히 하는 수행이 아닙니다. 온전한 마음을 챙겨서 지혜로운 생각을 하고 바른 실행을 하는 공부입니다. 치열한 삶의 현장에서 바로바로 발휘해야 할 동시삼학動時三學의 핵심이죠. 숱한 취사선택의 갈림길에서 바른 선택을 하게 하는 공부며 무한반복을 통해서 마음의 힘까지 기를 수 있는 위대한 공부법입니다.

그동안의 원불교 수행 풍토에서 보자면 '온·생·취'를 중심으로 마음공부의 틀을 잡고자 하는 이 책의 시도는 낯설고 설익은 것일 수 있습니다. 또한 의도치 않은 잘못을 범하는 일일 수도 있습니다. 하지만 새로운 시도를 오히려 좀 더 확산해보고 싶습니다. 바쁜 일상에서 지쳐가는 현대인들에게 전하고 싶은 것이 있기 때문입니다. 집을 떠나지 않고 일터를 탈출하지 않아도 마음의 안정과 지혜로운 생각과 바른 실행이 가능함을 알려주고 싶기 때문입니다.

온·생·취 마음공부(응용하는 데 온전한 생각으로 취사하기를 주의하는 마음공부)는 이제 겨우 세상에 나왔습니다. 소태산의 마음공부로 나온지는 오래 되었지만 온·생·취 라는이름을 달고 나온지는 얼마 되지 않은 셈이죠. 소태산의 교리를 어느 정도 아는 분들과 전혀 모르는 분들을 모두 독자로 상정한 점과 과학적 토대를 마련하지 못한 점 등은 앞으로 극복해야만 합니다.

이 책은 주로 소태산의 저술인 <정전>과 그의 법설을 기록한 <대종경>을 중심으로 내용을 재구성하고 설명하는 데 많은 부분을 할애했습니다. 부끄럽기 짝이 없는 성과물이지만 새로운 시작의 의미로 용기를 내서 자료를 엮었습니다. 수행이 턱없이 부족한 저자의 글을 눈 밝으신 스승님들과 선후배 동지들께서 바로잡고 보완해 주시기를 간절히 부탁드립니다.

이 책은 소태산 마음학교의 온·생·취 프로그램 성과에 기초해서 쓰여졌고, 원불교 교정원 문화사회부의 '문화가 있는 날' 지원 사업에 힘입어 출간되었습니다. 관계된 분들에게 감사의 마음을 전합니다. 어려운 여건에도 소리없이 소태산 마음학교와 함께해 준 많은 동지들과 후원자들에게 깊은 감사의 마음을 전합니다.

그동안 개척 시기를 함께하며 책의 출간을 위해 애써준 양영인 교무님과 전체적으로 글을 다듬어준 오정행 교무님, 그리고 편집과 디자인을 맡아준 박유성 실장님, 예쁜 삽화를 그려준 김정원님과 장은서 정토님에게도 깊은 감사의 마음을 전합니다. 부족하지만 이 책이 소태산마음학교의 마음공부 사회화에 작은 도움이 되기를 기원합니다.

원기104년(서기2019) 겨울, 익산 성지에서

소태산 마음학교장 균산 최정풍 교무 합장

목차

	머리말	04
I. 온·생·취 마음공부란?	1. 예화로 공부하기	14
	2. 이 공부, 왜 해야 하나?	56
	3. 마음공부와 온·생·취	66
	4. 이 공부, 어떻게 하나?	86
II. 응용	1. 마음편지	103
	2. 온·생·취와 응용	110
	3. 응용과 경계	113
III. 온전	1. 마음편지	123
	2. 온전과 정신수양	130
	3. 온전함을 기르는 방법	138
	4. 소태산의 온전 쓰임새	151
IV. 생각	1. 마음편지	159
	2. 생각과 사리연구	166
	3. 생각의 힘을 기르는 방법	176
	4. 소태산의 생각 쓰임새	192

V. 취사	1. 마음편지	199
	2. 취사와 작업취사	206
	3. 취사의 힘을 기르는 방법	216
	4. 소태산의 취사 쓰임새	226
VI. 주의	1. 마음편지	241
	2. 온·생·취와 주의	248
	3. 주의력을 기르는 방법	260
	4. 소태산의 주의 쓰임새	268
VII. 온·생·취 자문자답	1. 온전 - 자문자답	282
	2. 생각 - 자문자답	290
	3. 취사 - 자문자답	308

프로그램 감상담   316

I
온 · 생 · 취
마음공부란?

응용하는 데 온전한 생각으로 취사하기를 주의할 것이요

- 소태산, 상시응용 주의사항 1조 -

마음편지

온전한 생각으로 취사하자

할까 말까? 살까 말까? 먹을까 말까?
만날까 말까? 도장을 찍을까 말까?

소태산 대종사님은 말씀하셨습니다.
'온전한 생각으로 취사'하라고.
취사取捨란 취하고 버리는 것.
취사를 잘 해야 행복한 인생이 가능하다고.

오늘도 맞닥뜨릴 수많은 선택의 기로에서
무엇을 버리고 무엇을 취할까요?
끝없이 마음속으로 중얼거립니다.
'온전한 생각으로 취사하자'
'제 정신'으로 살기 위한 '마음 챙김'이죠.

저랑 함께 중얼중얼 해 보시죠.
'온전한 생각으로 취사하자,
온전한 생각으로…'

1
예화로 공부하기

온·생·취 = 삼학의 대중

공부하는 사람은
세상의 천만 경계에 항상
삼학의 대중을 놓지 말아야 할 것이다.
삼학을 비유하여 말하자면
배를 운전하는데 지남침 같고 기관수 같은지라,
지남침과 기관수가 없으면
그 배가 능히 바다를 건너지 못할 것이요,
삼학의 대중이 없으면 사람이 능히
세상을 잘 살아 나가기가 어렵나니라.
_ 대종경, 교의품 22장

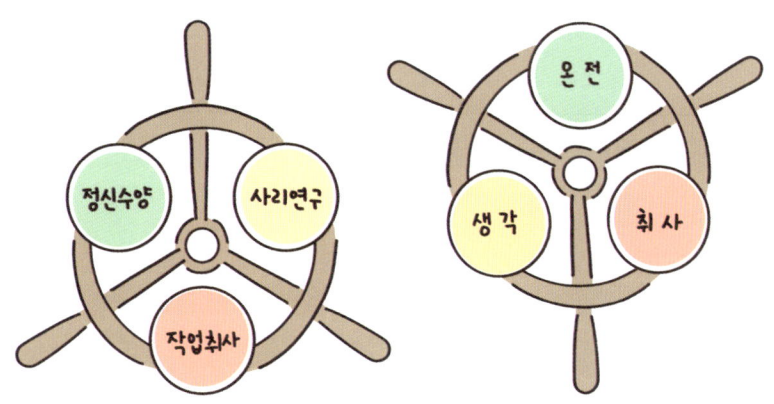

아차!
한 순간 부주의

철도 건널목을 건너다가 큰 사고가 날 뻔했어요.
평소처럼 차를 타고 가는 중이었는데
휴대폰이 울렸죠.
급한 전화라 통화를 하고 있었는데
건널목에 다달았는지 몰랐던거죠.
기차가 멀리서 오고 있었는데
알아차리지 못했습니다.

차단기 덕에 겨우 차를 멈출 수 있었죠.
몇 초만 더 방심했다면 끔찍한 사고를 당할 뻔했습니다.

· 횡단 중 교통사고 1,645건 〈2018년 경찰청〉
· 어린이 교통사고 원인 1위, 운전자 안전운전의무 불이행 54.8% 〈2016년 도로교통공단〉

일단 멈춤

늘 건너다니는 건널목,
아무런 일도 일어나지 않는 것 같지만
가끔씩 끔찍한 사고가 일어납니다.
어떻게 저렇게 큰 기차가 다가오는데
못보고 건널 수 있을까 의아하지만
불의의 사고는 늘 그렇게 일어나곤 합니다.

운전자가 자칫 방심하여 주의를 하지 않으면
끔찍한 사고의 당사자가 될 수 있습니다.
이것이 현실이고 사실입니다.

철도 건널목에 써 있는 '멈추자! 살피자! 건너자!' 라는 문구가
'온전한 생각으로 취사하자'는 온·생·취 마음공부와
꼭 닮았습니다.

일단 멈추고, 깊이 생각해서, 실행을 하면
부주의로 인한 사고도 줄일 수 있고
내가 바라는 결과를 얻기도 쉽습니다.

어떻게 온전한 생각으로 취사를 해야 할까요?

우리는 정당한 고락과 부정당한 고락을 자상히 알아서, 정당한 고락으로 무궁한 세월을 한결같이 지내며, 부정당한 고락은 영원히 오지 아니하도록, 행·주·좌·와·어·묵·동·정 간에 응용하는 데 **온전한 생각으로 취사하기를 주의**할 것이니라.

_ 정전, 고락에 대한 법문

상시응용 주의사항 6조는 마음을 잘 사용하자는 공부법이요, 사람을 새롭게 바꾸는 묘방인 동시에, 과거에도 없고 미래에도 없는 대도 정법이니라. **제1조는 온전한 생각으로 취사하는 동시 삼학**動時三學 **공부로**, 일을 당할 때마다 멈추는 공부를 하여 일심 정력을 쌓고, 멈춘 후에는 다시 생각을 궁굴려서 바른 지각을 얻고, 또 옳은 판단을 얻은 후에는 바로 취사를 해서 결단 있는 실천을 하자는 것이요.

_ 대산종사법어, 교리편 65장

한 공간에
있기 싫어요

직장 동료가 너무 싫고 미워요.
작은 의견 차이로 사이가 틀어졌는데
이제는 꼴도 보기 싫어졌어요.
같이 일을 하기도 싫고
말을 섞기도 싫고
한 공간에 있기도 싫습니다.
도대체 어떻게 함께 근무를 해야 할지 모르겠습니다.

감정의 소용돌이 때문에
인간관계가 힘들고 일상 업무를 하기도 힘듭니다.
평정심을 되찾아 관계도 회복하고
일상생활과 업무도 원만하게 하고 싶습니다.

· 직장 내 괴롭힘 경험 16.5% (주1회 이상, 6개월 이상 경험)
  국제 연구에 비해 1.5배 높음 〈2015년 KBS 시사기획 창〉
· 직장 내 따돌림 경험, 목격 67.6% 〈2014년 잡코리아〉

사이 좋은 삶

인간人間의 '간間'은 '사이 간'입니다.
'사이'를 유심히 볼 필요가 있습니다.
사이가 나쁘면 괴롭고 불행합니다.
가까운 인연과 사이가 틀어지고 막히면
답답하고 괴롭습니다.

인연들과 사이가 좋으면 큰 행복을 느끼죠.
소소하지만 깊은 행복이 샘솟습니다.
나를 둘러싼 모든 존재와 사이가 좋다면
행복은 더 커지고 깊어집니다.

하지만 어떻게 해야 사이가 좋아질까요?
쉬운 듯해도 참 어렵습니다.

틀어져버린 관계,
상처 입은 관계를 회복할 수 있다면
우리는 훨씬 더 행복할 것입니다.
어떻게 마음을 쓰고
어떻게 행동을 해야 사이가 좋아질까요?

어떻게 온전한 생각으로 취사를 해야 할까요?

증애에 끌리지 않는 방법은 매양 한 생각을 잘 돌리는 데에 있나니, 가령 저 사람이 나를 미워하거든 다만 **생각없이 같이 미워하지 말고 먼저 그 원인을 생각**하여 보아서 미움을 받을 만한 일이 나에게 있었거든 고치기에 힘쓸 것이요, 그러한 일이 없거든 전세의 밀린 업으로 알고 안심하고 받을 것이며, 한 편으로는 저 사람이 나를 미워할 때에 나의 마음이 잠시라도 좋지 못한 것을 미루어 나는 누구에게든지 미움을 주지 않으리라고 결심하라.

_ 대종경, 인도품 18장

이 세상 모든 사람을 접응하여 보면 대개 그 특성特性이 각각 다르나니, 특성이라 하는 것은 이 세상 허다한 법 가운데 자기가 특별히 이해하는 법이라든지, 오랫동안 견문에 익은 것이라든지, 혹은 자기의 의견으로 세워 놓은 법에 대한 특별한 관념이라든지, 또는 각각 선천적으로 가지고 있는 특별한 습성 등을 이르는 것이라, **사람 사람이 각각 자기의 성질만 내세우고 저 사람의 특성을 이해하지 못하면 다정한 동지 사이에도 촉觸이 되고 충돌이 생기기 쉽나니**, 어찌하여 그런고 하면, 사람사람이 그 익히고 아는 바가 달라서, 나의 아는 바를 저 사람이 혹 모르거나, 지방의 풍속이 다르거나, 신·구의 지견이 같지 아니하거나, 또는 무엇으로든지 전생과 차생에 익힌 바 좋아하고 싫어하는 성질이 다르고 보면, 나의 아는 바로써 저 사람의 아는 바를 부인하거나 무시하며, 심하면 미운 마음까지 내게 되나니, 이는 그 특성을 너른 견지에서 서로 이해하지 못하는 까닭이니라.

_ 대종경, 교단품 4장

온갖 걱정으로 불안하고 우울한 삶

맘 편한 시간이 없네요.

집에서는 두 아이를 키워야 하고

남편과 사이도 좋지 않아서 불편합니다.

직장에서도 이번에 꼭 승진을 해야 하는데

마음대로 되지 않아 스트레스가 엄청나네요.

마음이 늘 불안하고 머릿속은 복잡해서 고민이 그치질 않습니다.

잠을 자도 깊고 편하게 못 잡니다.

하루하루 소진되고 있는 것을 알긴 알겠는데

어디서부터 바로잡아야 할지 어떻게 대응해야 할지 모르겠네요.

생각할수록 머리가 더 아파요.

늘 우울해하는 나를 보고 주변에서 우울증 상담을 받아보라고 하는데

그런 이야기를 들으면 더 속상하고 더 우울해져요.

· 정신장애 평생 유병률
- 모든 정신장애 25.4%, 알코올 12.2%, 불안 9.3%, 니코틴 6%, 기분장애 5.3%, 조현병 0.5%
- 18세 이상 국민 25.4% 평생 1번 이상 17가지 정신질환 중 1가지 이상 경험.
- 1년 동안 9명 중 1명 정신질환 경험 〈2016년 보건복지부〉

불안은 어디서 오는 걸까

편안한 삶을 원하지만
불안하고 불편한 시간이 많습니다.

불안의 원인을 알기도 어렵고
그 원인을 해결하기도 쉽지 않습니다.

불안은 밖에서 오는 것일까요?
안에서, 내 마음에서 오는 것일까요?

실타래처럼 얽힌 상황들은 정리 가능할까요?
무엇부터 어떻게 풀어야 할까요?

어떻게 온전한 생각으로 취사를 해야 할까요?

유정물有情物은 배우지 아니하되 근본적으로 알아지는 것과 하고자 하는 욕심이 있는데, 최령한 사람은 보고 듣고 배우고 하여 아는 것과 하고자 하는 것이 다른 동물의 몇 배 이상이 되므로 그 아는 것과 하고자 하는 것을 취하자면 예의 염치와 공정한 법칙은 생각할 여유도 없이 자기에게 있는 권리와 기능과 무력을 다하여 욕심만 채우려 하다가 결국은 가패 신망도 하며, 번민 망상과 분심 초려로 자포 자기의 염세증도 나며, 혹은 신경 쇠약자도 되며, 혹은 실진자도 되며, 혹은 극도에 들어가 자살하는 사람까지도 있게 되나니, 그런 고로 천지 만엽으로 벌여가는 이 욕심을 제거하고 온전한 정신을 얻어 자주력自主力을 양성하기 위하여 수양을 하자는 것이니라.

_ 정전, 정신수양의 목적

그대들은 같은 신앙 가운데에도 이 원만하고 사실다운 신앙처를 만났으니 마음을 항상 챙기고 또 챙겨서 **신앙으로 모든 환경을 지배는 할지언정** 환경으로 신앙이 흔들리는 용렬한 사람은 되지 말라.

_ 대종경, 신성품 12장

왜 나는 잘 되는 게 없을까요

나름대로 열심히 사는 것 같은데
남들보다 잘 되는 게 없는 것 같아요.

돈도 생각만큼 벌지 못하고
인간관계는 늘 어려워요.
내가 잘 해줘도 그들은 나를 배신하곤 하죠.
이성교제도 맘대로 잘 안됩니다.
아무리 잘 해줘도 결국 관계가 어그러집니다.

곰곰이 생각해봐도 그 원인을 알 수 없어요.
뭐가 잘못되었는지 모르겠네요.

불만스러운 나에게

성공한다는 것,
남보다 잘된다는 것은 내게 무슨 의미일까요.
내가 진심으로 구하는 것은 무엇일까요.
나의 불만은 어디서 비롯되는 것일까요.

앞으로만 달려나가는 마음을 돌이켜
나를 깊이 볼 필요가 있습니다.

내 불만, 내 문제, 내 물음에
결국은 내가 답해야 합니다.

누군가에게서 답을 구하는 것이 아니라
내가 만족할만한 내 답을 구해야 합니다.

그냥 괴로워하지 말고
마음을 차분히 가라앉히고 내 답을 찾아가야죠.
불만스러운 나에게 무엇을 주어야 할까요.

어떻게 온전한 생각으로 취사를 해야 할까요?

이 세상은 대소 유무의 이치로써 건설되고 시비 이해의 일로써 운전해 가나니, 세상이 넓은 만큼 이치의 종류도 수가 없고 인간이 많은 만큼 일의 종류도 한이 없나니라. 그러나 우리에게 우연히 돌아오는 고락이나 우리가 지어서 받는 고락은 각자의 육근六根을 운용하여 일을 짓는 결과이니, 우리가 일의 시·비·이·해를 모르고 자행 자지한다면 찰나찰나로 육근을 동작하는 바가 모두 죄고로 화하여 전정 고해가 한이 없을 것이요, 이치의 대소 유무를 모르고 산다면 우연히 돌아오는 고락의 원인을 모를 것이며, 생각이 단촉하고 마음이 편협하여 생·로·병·사와 인과 보응의 이치를 모를 것이며 사실과 허위를 분간하지 못하여 항상 허망하고 요행한 데 떨어져 결국은 패가 망신의 지경에 이르게 될지니, 우리는 천조의 난측한 이치와 인간의 다단한 일을 미리 연구하였다가 실생활에 다다라 밝게 분석하고 빠르게 판단하여 알자는 것이니라.

_ 정전, 사리연구의 목적

병원을
가지 말아야 할까

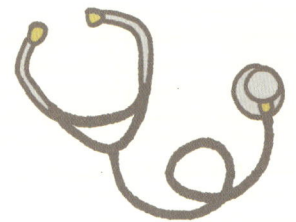

병원에서 초기 위암 판정을 받았습니다.
큰 충격을 받아서 어찌할 바를 모르겠네요.

주변에선 이런저런 이야기들이 쏟아지네요.
금식 기도를 하라는 사람도 있고
몸에 좋다는 민간요법을 권하는 사람도 있고
병원에서 하라는 대로 하는 게 상책이라는 사람도 많네요.

치료도 해야 하고 마음의 준비도 해야하는데
무엇부터 어떻게 해야 할지 막막하네요.
일도 손에 안잡히고,
처리하고 결정해야 할 일들은 많은데
순서를 잡기가 어렵네요.
마음이 뒤죽박죽 복잡하고 남은 미래가 불안하네요.

· 암 발병율
- 암 발생 환자 암 등록 통계 22.9만명 〈2016년 보건복지부〉
- 신규 암 등록 환자 30.9만명 〈2018년 국민건강보험공단〉

얇아지는 귀

몸이 약해지면
마음도 약해지곤 하죠.
귀는 얇아져서
마음이 이리저리 흔들립니다.
합리적인 판단이 쉽지 않습니다.

큰 경계를 당하면
대응하는 순서를 잡기도 어렵고
마음의 평안을 얻기도 어렵습니다.
정신을 바짝 차려야 할 때입니다.

하지만 예기치 못한 경계는
감정의 소용돌이로 끌고 들어가고
비합리적인 요행수를 바라게 합니다.

마음의 중심을 잘 잡고
의연하고 합리적으로 대처하는 길은 무엇일까요.

어떻게 온전한 생각으로 취사를 해야 할까요?

이운외李雲外의 병이 위중하매 그의 집안 사람이 급히 달려와 대종사께 방책을 문의하는지라, 말씀하시기를 "곧 의사를 청하여 치료하라." 하시고, 얼마 후에 병이 평복되니, 대종사 말씀하시기를 "일전에 운외가 병이 중하매 나에게 먼저 방침을 물은 것은 그 길이 약간 어긋난 일이니라. 나는 원래 도덕을 알아서 그대들의 마음 병을 치료해 주는 선생이요 육신 병의 치료는 각각 거기에 전문하는 의사가 있나니, 이 앞으로는 **마음병 치료는 나에게 문의할 지라도 육신병 치료는 의사에게 문의하라.** 그것이 그 길을 옳게 아는 것이니라."

_ 대종경, 실시품 31장

천지의 순리 자연한 도를 체받아서 만사를 작용할 때에 합리와 불합리를 분석하여 합리는 취하고 불합리는 버릴 것이요.

_ 정전, 천지 보은의 조목

애가
말을 안 들어요

중3짜리 아들이 말을 안 듣네요.
대학을 가려면 남들처럼 열심히 공부를 해야 하는데
가라는 학원도 가지 않고 도무지 말을 안듣네요.

뭘 하고 싶냐고 물어도 대답을 안 하고
아무것도 하고 싶지 않다고 하네요.

좋은 대학을 가려면 일단 공부를 열심히 하라고 하지만
대학은 가서 뭐하냐고 하면서 시큰둥 합니다.

가끔 죽고 싶다고 해서 가슴이 내려앉기도 해요.
걱정도 되고 꼴 보기 싫기도 해요.

· 청소년 자살률
- 아동·청소년 인구 10만 명당 9.4명 자살, OECD국가 중 6위 〈2010년 WHO〉
- 한국, 10만 명당 33명 자살률 OECD 1위 〈2014년 OECD〉

가까운 타인

나도 중3때 지나온 길인데…
자식의 길은 대단히 낯설어요.
아이를 이해하기가 어렵습니다.

어쩌면 모든 부모들은
자식이라는 타인과 동거를 하는지도 모릅니다.
몸은 낳았어도 마음까지 낳은 건 아니니까요.

자식에 대한 기대가 클수록
갈등과 불만도 증폭이 되죠.

다 큰 타인과의 관계맺기보다
어린 자식과의 관계맺기가 참 힘듭니다.

어떻게 온전한 생각으로 취사를 해야 할까요?

다른 사람의 원 없는 데에는 무슨 일이든지 권하지 말고 **자기 할 일만** 할 것이오.

_ 정전, 솔성요론

김기천金幾千이 여쭙기를 "사람이 어찌하면 순順과 역逆을 알게 되오리까." 대종사 말씀하시기를 "순이라 함은 저 춘·하·추·동 사시의 변천이 차서를 잃지 아니함과 같이 모든 일에 그 순서를 찾아서 하는 것이요, 역이라 함은 일의 순서를 알지 못하고 힘에 감당 못할 일을 구태여 하고자 하며 남의 원 없는 일을 구태여 권하며 남의 마음을 매양 거슬려주는 것이니, 사람이 무슨 일을 할 때에 먼저 이 순과 역을 잘 구분해서 순을 주로하여 행한다면 성공하지 못할 일이 거의 없으리라."

_ 대종경, 인도품 9장

대종사께서 고경 한 귀를 인용하사 혜복 이루는 요도를 간명히 밝혀 주셨나니 곧 "자성을 떠나지 않는 것이 가장 큰 공부요, 응용에 무념하는 것이 가장 큰 덕"이라 하심이니라. 또 말씀하시기를 "상相에 주착한 공덕은 오히려 죄해의 근원이 되기 쉽나니, 사람이 다 자식을 기르되 부모에게는 상이 없으므로 큰 은혜가 되듯 복을 짓되 상이 없어야 큰 공덕이 되나니라."

_ 정산종사법어, 무본품 34장

직장을 옮겨야 하나

다니고 있는 직장에서 별 문제는 없는데
월급 꼬박꼬박 받으면서 별 비전도 없는 생활이 심심하네요.
아는 선배가 이직을 권유하는데 솔깃합니다.
보수는 조금 더 많이 준다지만 다른 조건은 비슷해요.
한 번 분위기를 바꿔볼까 하는 생각이 들어요.

그런데 현재의 직장 동료들이 왜 옮기냐고 물어보면
대답이 궁한 것 같아요.
선배와 술 몇 번 마시다가 괜히 기분따라
직장을 옮기는 것은 아닌지,
나중에 후회하는 것은 아닌지 모르겠어요.

· 이직율 통계
- 10명 중 3명 이직 경험(32%)
- 직장인 3명 중 1명(34.7%), 2-3년 단위로 이직하는 '잡호핑족', 이직 긍정적으로 생각 64%
  〈2019년 잡코리아〉

일터가 삶터

일터에서 보내는 시간을 보면
집에서 보내는 시간보다 많을 수 있죠.
일터가 우리의 삶터인 것이죠.

직업을 선택하고 직장을 선택할 때
무엇을 기준 삼아야 할까요?
직장으로부터 내가 얻고 싶은 것은 무엇이고
내가 주어야 할 것은 무엇인지 생각해 봐야죠.

내 인생에서 구하고자 하는 것이
내가 다니는 직장에서 구해지고 있는지
찬찬히 돌아볼 필요가 있습니다.

정당한 이유가 없는 행동은 충동이죠.
심사숙고한 행동은 우리를 행복으로 안내하죠.

선택한다는 것은 취사를 한다는 것이고
취사를 제대로 하려면 온전한 생각부터 해야 합니다.

어떻게 온전한 생각으로 취사를 해야 할까요?

문정규文正奎 여쭙기를 "경계를 당할 때에 무엇으로 **취사하는** 대중을 삼으오리까." 대종사 말씀하시기를 "세 가지 생각으로 취사하는 대중을 삼나니, 첫째는 자기의 본래 서원誓願을 생각하는 것이요, 둘째는 스승이 가르치는 본의를 생각하는 것이요, 셋째는 당시의 형편을 살펴서 한 편에 치우침이 없는가를 생각하는 것이라, 이 세 가지로 대중을 삼은즉 공부가 항상 매昧하지 아니하고 모든 처사가 자연 골라지나니라."

_ 대종경, 수행품 33장

학인들에게 말씀하시기를 "옛날 중국에 마을 문지기 후영候嬴은 한낱 문지기로되 그 역량과 재주가 장하므로 그 영명이 세상에 널리 떨칠 뿐더러 그 보잘 것 없는 마을 문까지 따라서 드러나게 되었다 하나니, 그대들 가운데서도 앞으로 큰 실력과 큰 실행있는 인물이 배출된다면 마을 문이 드러나듯 학림이 따라서 드러나게 되리라. 이제 세상은 형식 시대가 지나가고 실력과 실행이 주가 되어, 알되 실지로 알고, 하되 실지로 실천하는 인물이라야 세상에서 찾게 되고 쓰이게 될 것이니, 그대들은 바깥 형식에 끌리지 말고 오직 실력을 갖추기에 힘을 쓰며, 앞으로 어느 직장에 간다 하여도 그 자리 자리에서 실력을 발휘하여, 후영이 마을 문을 드러내듯 그대들과 직장이 한 가지 드러나게 하여 주기 바라노라."

_ 정산종사법어, 근실편 16장

저 사람과 행복할 수 있을까?

남편은 그냥 보통 남자입니다.
직장도 튼튼하고 성실합니다.
그런데 이제 그 사람이 싫습니다.
왜 저 사람과 결혼을 했는지 생각해보면
그 때의 결정이 잘 한 결정인지 의문스럽습니다.
하루하루 밋밋하게 살아가는 삶이 지겨워집니다.
아이들도 이제는 컸고 해야 할 의무와 책임도 다한 것 같아요.
뭔가 설레는 삶이 그립습니다.
덤덤하고 그날이 그날인 생활에 염증이 납니다.
이런 걸 권태기라고 하는지도 모르겠네요.
이런 생각을 하는지도 모르는 남편이
답답하기도 하고 불쌍하기도 하네요.

· 이혼율, 황혼 이혼율
- 2018년 이혼 건수 108,700건 전년 대비 2.5%(2,700건) 증가
- 평균 이혼 연령 지속적인 상승 추세, 남녀 모두 10년 전보다 4세 이상 상승
- 연령 별 이혼율 1위, 남자 40대 후반, 여자 40대 초반
- 혼인 유지기간 20년 이상인 부부, 전체 이혼의 33.4% (4년 이하 이혼 21.4%)
 〈2018년 통계청 혼인이혼통계〉

설레는 삶

삶의 설렘은 어디서 올까요.
어디서 왔다가
어디로 가는 것일까요.

어떤 존재가 신비롭고
어떤 사람이 신비롭고
어떤 삶이 경이롭고 설레는 것일까요.
어떤 순간이 설레는 순간일까요.

새롭고 설레던 만남은
언제부터 낡고 지루해지는 걸까요.
삶이 덤덤해지는 것은
마음이 튼튼해져서 그럴까요.
마음이 늙어서 그럴까요.

아무런 문제도 없는데
문제인 삶을 살 수도 있습니다.
내 삶의 원천이 메마르고 있는 건 아닌지
돌아 보아야겠습니다.

어떻게 온전한 생각으로 취사를 해야 할까요?

이 정원李正圓이 여쭙기를 "어떻게 하여야 증애憎愛에 끌리지 아니하고 원만한 마음을 가질 수 있겠나이까." 대종사 말씀하시기를 "증애에 끌리지 않는 방법은 매양 한 생각을 잘 돌리는 데에 있나니, 가령 **저 사람이 나를 미워하거든** 다만 생각 없이 같이 미워하지 말고, 먼저 그 원인을 생각하여 보아서 미움을 받을 만한 일이 나에게 있었거든 고치기에 힘쓸 것이요, 그러한 일이 없거든 전세의 밀린 업으로 알고 안심하고 받을 것이며, 한 편으로는 저 사람이 나를 미워할 때에 나의 마음이 잠시라도 좋지 못한 것을 미루어 나는 누구에게든지 미움을 주지 않으리라고 결심하라. 그리하면, 나를 미워하는 사람이 곧 나의 마음 쓰는 법을 가르치는 선생이 될 것이니, 그를 나의 선생으로 인정할 때에는 어찌 미운 생각이 나겠는가. 이것이 곧 미운 데에 끌리지 않게 하는 방법이니라. 또는, **저 사람이 나를 사랑하거든** 다만 생각 없이 좋아만 할 것이 아니라, 또한 먼저 그 원인을 생각하여 보아서 그만한 사랑 받을 일이 있었거든 그 일을 영원히 변하지 않기로 명심하고, 만일 그만한 일이 없이 받는 사랑이거든 그것을 빚으로 알아야 할 것이며, 또한 사랑 가운데에는 정당한 사랑과 부정당한 사랑이 있나니, 정당한 사랑이면이어니와 부정당한 사랑이면 그것을 끊을 줄도 알아야 할 것이며, 정당한 사랑일지라도 거기에 집착하여 다른 일에 방해될 기미가 있거든, 반드시 용단심을 일어내어 대체 행사에 그르침이 없도록 노력하라. 이것이 곧 애착에 끌리지 않는 방법이니라. 그대가 이 두 가지에 끌리지 않는 공부를 계속하면 곧 원만한 마음을 얻게 되리라."

_ 대종경, 인도품 18장

술을 끊을 수가 없네요

간경변 증세가 있는데도 술을 마십니다.
그만 마셔야지 하면서도 자꾸 마시게 되죠.
젊었을 때부터의 습관이라서 그런지 끊기가 정말 어렵네요.
식구들이 미쳤냐고 이제 끊으라고 하지만 잘 되지 않습니다.

의사에게는 술을 못 끊었다는 말도 못하고 있네요.
한편으로 이제 나이가 70이 훨씬 넘었는데
평생 즐긴 술을 끊어야 하나 하는 생각도 있습니다.
얼마나 더 살겠다고….

· 알콜성 간질환 발병율
- 1998~2001년 3% → 2016~2017년 7%, 20년 사이 84% 급증
  국민건강영양조사 비교분석 〈해운대백병원, 춘천성심병원〉

행복의 충돌

행복의 크기가 무의미할 때가 있죠.
작아 보이는 행복도
그 무엇과 바꾸고 싶지 않을 때가 있습니다.
술 한 잔의 행복도 그렇죠.
다른 것과 바꾸고 싶지 않을 수 있죠.

하지만 이 작은 행복 때문에
건강을 희생해야 하고
가족들의 걱정이 깊어진다면
술을 마시기가 주저되지요.

내 몸은 내것 이기도 하지만
내 몸은 나만의 것이 아니기도 합니다.

하루 하루가 소중하고
그래서 취사가 중요한가 봅니다.

어떻게 온전한 생각으로 취사를 해야 할까요?

사람의 큰 죄악이 처음에는 작은 허물로부터 시작되는 수가 허다하나니 그대들은 마땅히 때때로 자기의 행동을 살펴서 **작은 허물이라도 발견되거든 미루지 말고 고치기에 힘쓰라.** 남방의 성성이라는 짐승은 그 힘이 세고 날래어 사람이 힘으로는 잡지 못하나, 그가 술을 즐겨하므로 술을 큰 그릇에 가득 담아서 그의 내왕하는 길목에 두어 두면 그가 지나면서 그것을 보고 처음에는 웃으며 그대로 가다가 다시 돌아와서 조금 마시고 또 가다가 다시 돌아와서 더 마시고 하기를 여러 차례 한 뒤에는 그만 정신 없이 그 술을 다 마시고 마침내 취하여 쓰러지면 그 때에 사람이 나와서 잡아 간다고 하니, 그가 처음에는 조금만 마시기로 한 술이 커져서 한 동이에 이르렀으며 마침내 제 생명을 잃기도 하고 혹은 생포生捕도 당하게 되는 것이니라. 사람도 또한 그와 같아서 처음에는 한 두 가지의 작은 허물을 고치지 못하다가 그 허물이 쌓이고 쌓이면 마침내 큰 죄업을 저질러서 전도를 크게 그르치나니 어찌 조심하지 아니하리요.

_ 대종경, 인도품 30장

어떤 자식에게
재산을 줘야 할지

죽을 날이 얼마 남지 않은 것 같아서
재산을 정리하고 유언을 남기려고 하니까
자식 새끼들이 난리군요.
서로 눈치를 보고 조금이라도 더 받으려고 하네요.
자연스러운 현상이지만 좀 섭섭하기도 하네요.
장남 녀석은 그동안 계속해서 도와줬지만 실패를 거듭하고
외동딸은 출가를 했는데 사위의 벌이가 시원치 않아서 어렵게 지내죠.
둘째 아들은 직장생활을 성실히 하고 있어서 별 걱정이 없죠.

똑같이 나눠줘야 할지,
그래도 장남을 도와줘서 집안을 일으키도록 해야 할지,
출가외인이라지만 어려운 딸아이를 도와주어야 할지,
막내도 섭섭하지 않게 해야 할 것 같고,
아니면 자식들에게는 조금씩만 주고
공익적으로 희사를 할까
생각이 복잡하네요.

· 상속 관련 재판 건수
- 2018년 가사비송사건 중 상속 관련 접수건 52.1%차지 〈2019 사법연감〉

무엇을 남길까

세상을 떠날 때
무엇을 남기고 가야 할까요.

평생 모은 재산은 또 다른 나입니다.
소중한 인연들에게 남기고 싶지만
고려해야 할 것이 많지요.

일생을 정리하면서
무엇을 우선적으로 생각해야 할까요.

혹시 남은 자식들에게 주는 재산이
독이 되는 것은 아닌지도 깊이 생각해야겠습니다.

어떻게 온전한 생각으로 취사를 해야 할까요?

자력자로서 타력자에게 권장할 조목
- 자력 있는 사람이 부당한 의뢰를 구할 때에는 그 의뢰를 받아주지 아니할 것이요
- 부모로서 자녀에게 재산을 분급하여 줄 때에는 장자나 차자나 여자를 막론하고 그 재산을 받아 유지 못할 사람 외에는 다 같이 분급하여 줄 것이요
- 결혼 후 물질적 생활을 각자 자립적으로 할 것이며 또는 서로 사랑에만 그칠 것이 아니라 각자의 의무와 책임을 주로 할 것이요
- 기타 모든 일을 경우와 법에 따라 처리하되 과거와 같이 남녀를 차별할 것이 아니라 일에 따라 대우하여 줄 것이니라.

_ 정전, 자력양성

사람의 부모된 이는 부모로서 지킬 바 도가 있나니, 첫째는 어느 방면으로든지 자녀가 자력을 얻을 때까지 양육하고 보호하는 데 힘을 다할 것이요, 둘째는 어느 방면으로든지 시기를 잃지 말고 자녀를 교육시키는 데 힘을 다할 것이요, 셋째는 자녀로 하여금 한 가정에 얽매이지 아니하고 널리 공도에 공헌하도록 희사 하여 인도 정의를 빠짐 없이 밟으며 제도 사업에 노력하게 할 것이요, 넷째는 자녀의 효와 불효를 계교하지 말고 오직 의무로써 정성과 사랑을 다할 것이니라.

_ 정산종사법어, 세전 부모의 도

2
이 공부, 왜 해야 하나?

실수와 후회를 줄이려면
온·생·취 하라!

지금 이 순간도 수 많은 사람들이 어처구니 없는 실수와 뼈아픈 후회에 괴로워합니다. 증권사 직원은 단순 오타로 수백억을 날리고, 외과의사는 착각으로 환자의 반대쪽 다리를 절단합니다. 아빠가 깜박하고 자동차 뒷자리에 아이를 두고 내립니다. 욱! 하는 화를 참지 못해 살인을 하고 폭행을 저지릅니다. 작은 오해를 풀지 못해 이혼을 합니다. 주의하지 못한 부주의, 주의하지 않은 무념 탓입니다. 마음을 제대로 챙기지 못한 이유입니다.

사람의 마음은 지극히 미묘하여 잡으면 있어지고 놓으면 없어진다 하였나니, 챙기지 아니하고 어찌 그 마음을 닦을 수 있으리오.

_ 대종경, 수행품 1장

사람들은 모두 주의를 하고 산다고 여기고 있습니다.
하지만 자신을 깊이 돌아보면 그렇지 않음을 깨닫게 됩니다.
'정신 없다', '정신이 나갔나 보다', '제 정신이 아니었나 보다'
'내 마음은 그게 아니었는데', '내가 잠깐 미쳤나 보다', '심란해서 그랬어'
'내 마음을 나도 모르겠어', '마음이 마음대로 안되네…'
마음을 잘 챙겨서 마음을 잘 써야죠.
어처구니 없는 실수를 줄이고 뼈아픈 후회를 하지 않으려면
반드시 해야만 하는 마음공부 온·생·취!

지혜로운 취사선택을 하려면 온·생·취 하라!

따르릉, 알람 소리에 일어날까 말까?
아침을 먹을까 말까?
전철을 탈까 버스를 탈까?
이 전화를 받을까 말까?
그의 말을 믿을까 말까?
계약을 할까 말까?
당신이 좋다고 말할까 말까?
맛있는 음식을 좀 더 먹을까 말까?
술을 한잔 할까 말까?
이 일을 계속할까 말까?

인생은 끝없는 선택의 과정입니다.
현재의 나는 과거의 선택들이 만든 것이고,
현재의 선택은 미래의 나를 만들 것입니다.
누구든 선택을 잘 하려고 합니다.
그래야 결과가 좋기 때문이죠.
하지만 선택을 잘 하기는 쉬운 일이 아닙니다.
왜 그럴까요.

이것도 하고 싶고 저것도 하고 싶기 때문이죠.
이것도 갖고 싶고 저것도 갖고 싶기 때문입니다.

선택選擇이란 취사取捨입니다.
여럿 가운데서 필요한 것을 골라 뽑는 선택은
필연적으로 취사를 전제로 합니다.
취할 것은 취하고 버릴 것은 버려야 합니다.
무언가를 취한다는 것은 무언가를 버린다는 것이고,
무언가를 버린다는 것은 무언가를 취하는 것입니다.
어리석은 취사선택을 하지 않으려면 지혜로워야 합니다.
지혜로운 취사는 일의 성공과 인생의 행복을 가져다 줍니다.

일을 성공시키려면
온·생·취 하라!

누구든지 일을 하고,
일을 하는 누구나 성공을 바랍니다.
그렇다고 누구나 성공하는 것은 아니죠.
일을 성공시키는 이치를 알지 못하기 때문입니다.
안달복달한다고 일이 성공하는 것도 아니고
열심히 한다고 성공하는 것도 아닙니다.
일을 성공시키려면 어떻게 해야 할까요.
온·생·취를 해야 합니다.
온전한 생각으로 취사해야 합니다.
일을 시작하기 전에도 온전한 생각으로 취사하기를 주의하고,
일을 하면서도 온전한 생각으로 취사하기를 주의해야 합니다.
온·생·취는 결정적 순간에 한 번 하고 마는 마음공부가 아닙니다.
일의 전 과정을 통해서 계속해야 하는 공부입니다.
한 순간 방심하면 어떤 일이든 망치게 됩니다.
처음부터 끝까지 온·생·취 해야 합니다. 그러면 됩니다.
성공은 그 과정의 수행 여부에 달렸습니다.

공부하는 사람은 세상의 천만 경계에 항상 삼학의 대중을 놓지 말아야 할 것이니, 삼학을 비유하여 말하자면 배를 운전하는데 지남침 같고 기관수 같은지라, 지남침과 기관수가 없으면 그 배가 능히 바다를 건너지 못할 것이요, 삼학의 대중이 없으면 사람이 능히 세상을 잘 살아 나가기가 어렵나니라.

_ 대종경, 교의품 22장

학생, 직장인, 사업가, 정치인…,
누구든지 해야만 하는 마음공부입니다.
온·생·취 마음공부 없이는 뭔가를 성취하기도 힘들고
성공시키지도 못하죠.
뭔가를 성취하고 성공한 사람들을 보면 압니다.
그들은 이미 온·생·취 마음공부를 잘 하고 있습니다.

지금 여기서 행복하려면
온·생·취 하라!

먼 훗날의 행복을 위해서
현재를 희생시킬 수도 있습니다.
과거는 아름다웠는데
현재는 아름답지 못할 수도 있습니다.
현재는 참고 견뎌야 하는 것이고,
결정적 순간을 위해서 준비해야 하는 것일 수 있습니다.

정말 그럴까요?
그렇지 않습니다.
과거는 흘러갔고 미래는 아직 오지 않았습니다.
과거의 그림자 속에 살 필요가 없고,
미래에 현재를 담보 잡힐 필요도 없습니다.
결정적 순간은 바로 지금이고
최선을 다 할 순간도 바로 지금이고
행복할 순간도 바로 지금입니다.

지금 최선을 다해서 온·생·취 해야 합니다.
지금 가장 온전해지고
지금 가장 지혜롭게 생각하고
지금 가장 정의롭고 바르게 취사 해야 합니다.
온·생·취의 결과는 온전하고, 지혜롭고, 바릅니다.
이런 결과를 행복이라고 부르고 싶습니다.

최선을 다해서 온·생·취를 하고 나면
마음에 한 점 아쉬움도 남지 않습니다.
떳떳합니다.
나머지 결과는 진리가 알아서 하십니다.
또다시 그냥 온전한 마음으로 살아가면 그 뿐입니다.

내 운명을 바꾸고 싶다면
온·생·취 하라!

사주 팔자를 보아서 운명을 바꾸려는 사람은
온·생·취 마음공부가 자잘해 보일 수 있습니다.
알 수 없는 절대자와 신비로운 운명을 믿는 사람에게도
온·생·취는 보잘 것 없을 수 있습니다.
한 방을 기다리면서 오늘을 허비하는 사람들에게
온·생·취는 수고로움의 연속일 뿐입니다.
온·생·취 마음공부인에겐 지금 이 순간이 내 운명을 바꿀 순간이고
온·생·취 마음공부인에겐 지금 이 일이 내 운명을 좌우하는 일입니다.

아주 미세한 경계에도 최선을 다해서 온·생·취 하고
어마어마하게 큰 일에도 최선을 다해서 온·생·취 할 뿐입니다.
죽음 앞에서도 그저 온·생·취 할 뿐입니다.
끝없는 온·생·취의 반복 속에서
마음에 힘이 쌓여 갑니다.
내 마음에 새로운 힘이 길러지면
어제의 경계가 오늘은 경계가 되지 않습니다.

내 마음의 힘과 경계의 힘은 정확히 반비례 합니다.
내가 약해지면 경계는 막강해지고,
내가 강해지면 경계는 무력해집니다.
나중에는 경계가 이름만 남고 사라집니다.

경계를 만날 때마다 온·생·취 마음공부를 하면
천만 경계는 천만 은혜로 바뀝니다.
감사보은과 온·생·취는 천하무적입니다.

물 샐 틈 없이 그 수행 방법을 지도 하였나니 그대들은 이 법대로 부지런히
공부하여 하루 속히 초범超凡 입성入聖의 큰 일을 성취할지어다.

_ 대종경, 수행품 1장

3
마음공부와 온·생·취

'온·생·취'는
'응용하는 데 온전한 생각으로 취사하기를 주의할 것이요.'의
줄임말 입니다.
소태산이 직접 쓴 〈정전〉에서 따온말입니다.

이 원문을 흔히
'온전한 생각으로 취사하는 공부'라고 말하기도 하고
'온전·생각·취사'로 줄여서 표현하기도 합니다.
온·생·취는 이를 다시 압축한 것이죠.

원불교 마음공부를 어느 정도 한 사람들에게
온전·생각·취사라는 표현은 익숙한 것이지만
'온·생·취'는 아직까지는 낯설은 표현입니다.
대중화를 위해서 압축한 표현입니다.

삼학과 온·생·취

온	생	취
온전한	생각으로	취사하자
일심	알음알이	실행
정신수양	사리연구	작업취사
정定	혜慧	계戒
양성養性	견성見性	솔성率性

응용하는 데 온전한 생각으로 취사하기를 주의할 것이요.

_ 정전, 상시응용 주의사항

또 여쭙기를 "일원상의 수행은 어떻게 하나이까."
대종사 말씀하시기를
"일원상을 수행의 표본으로 하고 그 진리를 체받아서 자기의 인격을 양성하나니 일원상의 진리를 깨달아 천지 만물의 시종 본말과 인간의 생·로·병·사와 인과보응의 이치를 걸림 없이 알자는 것이며,

또는 일원과 같이 마음 가운데에 아무 사심私心이 없고 애욕과 탐착에 기울고 굽히는 바가 없이 항상 두렷한 성품 자리를 양성하자는 것이며, 또는 일원과 같이 모든 경계를 대하여 마음을 쓸 때 희·로·애·락과 원·근·친·소에 끌리지 아니하고 모든 일을 오직 바르고 공변되게 처리하자는 것이니,

일원의 원리를 깨닫는 것은 **견성**見性이요,

일원의 체성을 지키는 것은 **양성**養性이요,

일원과 같이 원만한 실행을 하는 것은 **솔성**率性인 바,

우리 공부의 요도인 정신 수양·사리 연구·작업 취사도 이것이요,

옛날 부처님의 말씀하신 **계·정·혜**戒定慧 삼학도 이것으로서,

수양은 정이며 양성이요, 연구는 혜며 견성이요, 취사는 계며 솔성이라,

이 공부를 지성으로 하면 학식 있고 없는 데에도 관계가 없으며 총명있고 없는 데에도 관계가 없으며 남녀노소를 막론하고 다 성불함을 얻으리라.

_ 대종경, 교의품 5장

"우리 공부의 요도 삼학三學은 우리의 정신을 단련하여 원만한 인격을 이루는 데에 가장 필요한 법이며, 잠간도 떠날 수 없는 법이니, …그러므로, 나는 영육 쌍전의 견지에서 육신에 관한 의·식·주 삼건과 정신에 관한 **일심·알음알이·실행**의 삼건을 합하여 육대 강령이라고도 하나니, 이 육대 강령은 서로 떠날 수 없는 관계를 가지고 한 가지 우리의 생명선이 되나니라."

_ 대종경, 교의품 18장

마음을 잘 쓰기 위한 공부법

'마음공부'라는 말이 널리 쓰이고 있습니다. 거기엔 소태산 또는 원불교의 역할도 한 몫 했다고 봅니다. 유·불·선 모두 넓은 의미에서 마음공부 또는 심학적 전통을 가지고 있습니다. 하지만 그 가운데서 불교는 마음의 종교라고 해도 될만큼 인간의 마음에 천착하고 있습니다. 마음공부는 아무래도 불교적 맥락과 전통에서 쓰인 표현이라고 해야 할 것입니다.

   그런데 말 그대로 '마음공부'라는 한글 표현은 소태산의 원불교 경전에 공식적 표현으로 자주 등장하고 있습니다. 마음공부라는 표현의 대중화에 소태산의 가르침과 원불교 경전이 지대한 영향을 끼친 것이죠. 소태산은 '용심법'用心法이란 표현도 즐겨 사용했습니다. 마음을 잘 쓰는 법을 수행의 핵심으로 본 것이죠. 마음을 잘 쓰는 법, 용심법을 배워서 심신작용을 잘해야 복을 받을 수 있다고 보았습니다.

모든 학술을 공부하되 쓰는 데에 들어가서는 끊임이 있으나, 마음 작용하는 공부를 하여 놓으면 일분 일각도 끊임이 없이 활용되나니, 그러므로 **마음공부는 모든 공부의 근본이 되나니라.**

_ 대종경, 요훈품 1장

대종사 서울교당에서 친히 도량의 제초를 하시고 말씀하시기를 "오늘 내가 도량의 제초를 한 데에는 두 가지 뜻이 있었나니, 하나는 교당 책임자들이 매양 도량의 정리에 유의해야 한다는 것을 본보이기 위함이요, 또 하나는 우리의 마음을 자주 살피지 아니하면 잡념 일어나는 것이 마치 이 도량을 조금만 불고하면 어느 틈에 잡초가 무성하는 것과 같아서 **마음공부와 제초 작업이 그 뜻이 서로 통함**을 알리어, 제초하는 것으로 마음공부를 대조하게 하고 마음공부 하는 것으로 제초를 하게 하여 도량과 심전을 다 같이 깨끗하게 하라는 것이라, 그대들은 이 두 가지 뜻을 항상 명심하여 나의 본의에 어긋남이 없기를 부탁하노라."

_ 대종경, 실시품 15장

송죽의 가치를 상설霜雪이 드러내듯이 공부인의 가치는 순역경계가 드러내나니, 각자에게 난관이 있는 때나 교중에 난관이 있는 때에 그 신앙의 가치가 더 드러나고 그 공부의 가치가 더 드러나나니라. 국가에서 군인을 양성하는 것은 유사시에 쓰자는 것이요 **도인이 마음공부를 하는 것은 경계를 당하여 마음 실력을 활용하자는 것이니라.**

_ 정산종사법어, 권도편 31장

지금 세상은 물질 문명의 발전을 따라 사·농·공·상에 대한 학식과 기술이 많이 진보되었으며 생활 기구도 많이 화려하여졌으므로 이 화려한 물질에 눈과 마음이 황홀하여지고 그 반면에 물질을 사용하는 정신은 극도로 쇠약하여 주인된 정신이 도리어 물질의 노예가 되고 말았으니 이는 실로 크게 근심될 현상이라. 이 세상에 아무리 좋은 물질이라도 사용하는 마음이 바르지 못하면 그 물질이 도리어 악용되고 마는 것이며, 아무리 좋은 재주와 박람 박식이라도 그 사용하는 마음이 바르지 못하면 그 재주와 박람 박식이 도리어 공중에 해독을 주게 되는 것이며, 아무리 좋은 환경이라도 그 사용하는 마음이 바르지 못하면 그 환경이 도리어 죄업을 돕지 아니하는가. 그러므로 천하에 벌여진 모든 바깥 문명이 비록 찬란하다 하나 오직 **마음 사용하는** 법의 조종 여하에 따라 이 세상을 좋게도 하고 낮게도 하나니, 마음을 바르게 사용하면 모든 문명이 다 낙원을 건설하는데 보조하는 기관이 되는 것이요, 마음을 바르지 못하게 사용하면 모든 문명이 도리어 도둑에게 무기를 주는 것과 같이 되나니라. 그러므로 그대들은 새로이 각성하여 이 모든 법의 주인이 되는 **용심법**用心法을 부지런히 배워서 천만 경계에 항상 자리 이타로 모든 것을 선용善用하는 마음의 조종사가 되며, 따라서 그 조종 방법을 여러 사람에게 교화하여 물심 양면으로 한 가지 참 문명 세계를 건설하는 데에 노력할지어다.

_ 대종경, 교의품 30장

천하의 제일 큰 법은 모든 사람들로 하여금 자기의 마음을 잘 쓰도록 가르치는 **용심법**이니라.

_ 대산종사법어, 교훈편 3장

부처님께서 49년 동안 설하신 팔만대장경은 일체유심조의 이치를 가르치신 것이요, 대종사께서 28년 간 가르쳐 주신 교법의 핵심은 **용심법**이라, 이는 죄와 복이 다 자기 마음 가운데 있으므로 각자의 조물주는 바로 자기 자신임을 밝혀 주신 것이니라. 그러므로 정산 종사께서는 항상 "마음을 여유 있고 넉넉하게 쓰라." 하셨고, 나는 "남의 마음을 고치고 가르치기 전에 자기 마음부터 고치고 가르치라." 하나니, 자기 훈련과 신분검사로 스스로를 변화시키는 데 정성을 다해야 하느니라.

_ 대산종사법어, 훈련편 38장

소태산 수행론의 핵심은 마음공부입니다. 마음공부는 다른 말로 용심법입니다. 즉, 마음을 잘 쓰는 법입니다. 여러 가지 마음공부 가운데서도 일상생활에서 늘 해야 하는 공부가 바로 온·생·취 마음공부입니다. 온·생·취 역시 마음을 잘 쓰기 위한 공부의 하나입니다.

원불교는 불교를 사상적 기반으로 해서 탄생했습니다. 그 가운데서도 불교 수행의 핵심인 계·정·혜 삼학을 그대로 계승하고 있습니다. 비록 정신수양·사리연구·작업취사라는 확장된 개념으로 계승했지만 소태산과 원불교 수행론의 핵심 또한 분명히 삼학입니다. 소태산의 마음공부는 곧 삼학 수행이고 온·생·취 마음공부 또한 동시動時삼학입니다.

누구나 하고 있지만 더 배워야 할 마음공부

온·생·취 마음공부를 아주 단순화해서 쉽게 설명해보겠습니다.
어떤 행동을 하기 전에
온전 : 일단 멈춰서 온전한 마음을 챙기고
생각 : 지혜롭게 잘 생각해서
취사 : 정의를 취하고 불의는 버린다, 실행한다는 것이죠.

온전, 생각, 취사를 다른 표현으로 하자면 일심, 알음알이, 실행이라고도 합니다. 어떤 행위의 과정을 면밀히 관찰해보면 이 세 가지 마음공부의 과정을 누구나 하고 있음을 알 수 있습니다.

예컨대, 기차 건널목 표지판에 씌어있는 '멈추자! 살피자! 건너자!'는 온·생·취 마음공부를 매우 잘 표현하고 있습니다. 걸어서 가든 차를 타고 가든 일단 멈춰야 합니다. 그리고 좌우를 잘 살펴야 하죠. 건너가도 될지를 판단하기 위해서 좌우를 살펴보는 과정입니다. 그리고 판단이 섰다면 신속히 건너야 합니다. 이 세 가지 과정은 지극히 평범해 보이고 쉽고 당연해 보입니다. 하지만 이 쉬운 과정에서 뭔가 생략되거나 잘못되면 큰 사고가 발생합니다. 수많은 사람들이 철도 건널목을 횡단하면서도 사고가 나지 않는 것은 그만큼 이 과정을 잘 지킨다는 의미입니다.

주부가 콩나물을 산다고 가정해 봅시다. 습관적으로 콩나물을 사는 경우도 있겠지만 현명한 주부는 작은 구매 행위에도 온·생·취 마음공부의 과정을 자연스럽게 실천합니다. 차분한 마음으로 콩나물을 살펴보고 가격과 품질을 비교하죠. 그리고 마음에 합리적 구매라는 판단이 섰을 때 주머니에서 돈을 꺼내서 구입을 합니다. 콩나물 2천원 어치가 아니라 5억짜리 주택을 구입한다면 어떨까요? 마음을 온전히 하고 정말 많은 생각을 할 것입니다. 구입을 결정하기 전까지 다양한 노력을 할 것입니다. 그리고 구매 행위를 합니다. 액수의 차이가 있을지언정 그 의사결정 과정을 보면 온전·생각·취사의 과정이 반드시 존재함을 알 수 있습니다.

　병사가 총을 쏜다고 가정해 봅시다. 떨리는 마음을 진정하고 마음을 차분히 하고 호흡도 골라야 합니다. 온전한 마음을 챙기는 과정이자 일심을 모으는 과정입니다. 그 다음엔 평소에 배운대로 과녁을 확인하고 가늠자와 표적을 맞추어야 합니다. 생각을 잘 하는 과정, 알음알이와 지혜를 발휘하는 과정입니다. 그 다음엔 담담하게 그러나 과감하게 방아쇠를 당겨서 격발하는 과정입니다. 실행하는 과정, 취사하는 과정이죠. 사격이라는 행위를 셋으로 나눠보면 그 안에 온전, 생각, 취사의 세 과정이 숨어있음을 알 수 있습니다.

우리 **공부의 요도 삼학**三學은 우리의 정신을 단련하여 원만한 인격을 이루는 데에 가장 필요한 법이며 잠깐도 떠날 수 없는 법이니 예를 들면 육신에 대한 의·식·주衣食住 삼건三件과 다름이 없다 하노라. 즉, 우리의 육신이 이 세상에 나오면 먹고 입고 거처할 집이 있어야 하나니 만일 한 가지라도 없으면 우리의 생활에 결함이 있게 될 것이요, 우리의 정신에는 **수양·연구·취사**의 세 가지 힘이 있어야 살 수 있나니 만일 한 가지라도 부족하다면 모든 일을 원만히 이룰 수 없나니라. 그러므로 나는 영육 쌍전의 견지에서 육신에 관한 의·식·주 3건과 정신에 관한 **일심·알음알이·실행**의 3건을 합하여 육대 강령이라고도 하나니 이 육대 강령은 서로 떠날 수 없는 관계를 가지고 한 가지 우리의 생명선이 되나니라. 그러나 보통 사람들은 육신에 관한 세 가지 강령은 소중한 줄 알면서도 정신에 관한 세 가지 강령이 중한 줄은 알지 못하나니 이 어찌 어두운 생각이 아니리요. 그 실은 정신의 세 가지 강령을 잘 공부하면 육신의 세 가지 강령이 자연히 따라 오는 이치를 알아야 할 것이니 이것이 곧 본本과 말末을 알아서 행하는 법이니라.

_ 대종경, 교의품 18장

보통 사람들의 생활은 한갓 의·식·주를 구하는 데만 힘을 쓰고 그 의·식·주를 나오게 하는 원리는 찾지 아니하나니 이것이 실로 답답한 일이라, 육신의 의·식·주가 필요하다면 육신 생활을 지배하는 정신에 **일심과 알음알이와 실행의 힘**은 더 필요할 것이 아닌가. 정신에 이 세 가지 힘이 양성되어야 그에 따라 의·식·주가 잘 얻어질 것이요, 이것으로 그 사람의 원만한 인격도 이루어질 것이며, 각자의 마음 근본을 알고 그 마음을 마음대로 쓰게 되어야 의·식·주를 얻는 데에도 정당한 도가 실천될 것이며, 생·로·병·사를 해탈하여 영생의 길을 얻고 인과의 이치를 알아 혜복을 구하게 될 것이니, 이것이 또한 참답고 영원한 의·식·주 해결의 길이라, 그러므로 정신의 삼강령이 곧 의·식·주 3건의 근본이 된다 하노라.

_ 대종경, 교의품 19장

지금 여기서 할 수 있는 공부

온·생·취 마음공부는 일상생활 속에서 평소에 하는 마음공부입니다. 특별한 시간을 정해서 행하는 수행이 아닙니다. 소태산의 표현에 의하면 '정기훈련'이 아니라 '상시훈련'에 속하죠. 특정한 장소에 가서 하는 수행도 아닙니다. 그냥 평소에 직장을 다니고 살림살이를 하고 학교를 다니는 보통 사람들의 일상적 삶 속에서 수행하는 마음공부입니다.

온·생·취는 **'응용하는 데 온전한 생각으로 취사하기를 주의할 것이요.'** 의 줄임말임을 상기해야 합니다. 맨 마지막 단어는 '주의'입니다. 주의하는 마음공부인 것이죠. 마음을 챙기는 공부인 것입니다. '주의'의 사전적 의미는 '마음에 새겨 두고 조심함', '어떤 한 곳이나 일에 관심을 집중하여 기울임'입니다. 원불교 정기훈련 과목에 나온 '주의'의 설명은 '사람의 육근을 동작할 때에 하기로 한 일과 안 하기로 한 일을 경우에 따라 잊어버리지 아니하고 실행하는 마음'입니다.

가만히 생각해보면 알 수 있습니다. 언제 어디서든 할 수 있는 수행, 마음공부는 무엇일까. 마음공부란 언제 어디서나 할 수 있는 공부입니다. 왜냐하면 마음이 교재이기 때문입니다. 하지만 넓은 의미의 마음공부에는 좌선과 같이 특정한 자세를 유지해야 하는 과목도 있고, 정기일기, 경전공부와 같이 필기구나 책이 있어야 하는 과목이 있습니다. 정말 말 그대로 '마음'만 가지고 할 수 있는 공부는 어쩌면 여기서 말하는 '주의'공부입니다. 언제 어디서든 마음만 챙기면 되니까요. 온·생·취 마음공부는 당연히 주의가 핵심인 공부인데 그 내용이 '응용하는 데 온전한 생각으로 취사하기'로 나뉘어 있는 셈입니다.

그러므로, 경經에 이르시되 '응하여도 주한 바 없이 그 마음을 내라' 하시었나니, 이는 곧 **천만 경계 중에서 동하지 않는 행을 닦는 대법**이라, 이 법이 심히 어려운 것 같으나 닦는 법만 자상히 알고 보면 괭이를 든 농부도 선을 할 수 있고, 마치를 든 공장工匠도 선을 할 수 있으며, 주판을 든 점원도 선을 할 수 있고, 정사를 잡은 관리도 선을 할 수 있으며, 내왕하면서도 선을 할 수 있고, 집에서도 선을 할 수 있나니 **어찌 구차히 처소를 택하며 동정을 말하리요.**

_ 정전, 무시선법

선과 명상의
목적지

선과 명상에 관한 관심이 점차 높아지고 있습니다. 아마도 물질문명에 지친 현대인들이 본능적으로 자아를 찾고 지친 마음을 쉬고 새로운 삶의 의미를 찾고자 하는 것 같습니다. 종교인이나 전문적인 수행자는 그렇다 해도 바쁜 직장인들이 직장 생활을 하면서 선과 명상에 관심을 기울이기 시작한 것은 매우 새롭고 바람직한 현상입니다.

업무 관련 스트레스 또는 일상생활 속 스트레스로부터 벗어나기 위한 목적으로 시작해서 정신건강의 증진으로 이어지고 있는 이 흐름은 탈종교 시대의 새로운 정신적 흐름을 형성하고 있죠. 상대적으로 개인소득이 높은 계층과 국가들에서 두드러지게 나타나고 있는 이 흐름은 점점 더 확산될 것으로 예상됩니다.

선과 명상의 전통은 매우 오래되었습니다. 모든 종교는 이름은 달라도 선과 명상이라는 대지에 뿌리를 박고 있습니다. 석가모니 부처님이 설산에서 오랜 고행을 하고 보리수 아래서 선정에 든 것이나 예수님이 광야에서 금식을 하며 오래도록 기도했던 것을 떠올려보면 알 수 있죠. 바깥으로부터 들어오는 것을 모두 차단하고 오롯이 고독자가 되었습니다. 의식의 거품을 걷어버리고 깊은 내면의 소리만을 듣고자 했습니다.

그것이 선이든 기도이든 그렇게 큰 차이가 있을까 싶습니다. 물론 석가모니가 구체적으로 어떤 수행을 하고 예수가 어떻게 기도를 했는지는 알기 어렵죠. 그들이 수행했던 선과 기도가 요즘 현대인들이 하는 선과 기도와 어떤 점에서 같고 다른 지도 논하기 어렵습니다. 하지만 그 본질은 같을 것 같습니다.

'선'禪을 사전에서 찾아보면 '마음을 한곳에 모아 고요히 생각하는 일'이라고 풀이되어 있습니다. 너무 소략한 설명이지만 그렇다고 해서 선의 역사를 모두 되짚어본다면 너무 장황할 것입니다. 선이라는 용어의 의미를 정확히 정의하기란 쉽지 않죠. 소태산은 선을 이렇게 정의했습니다.

"대범, 선禪이라 함은 원래에 분별 주착이 없는 각자의 성품을 오득하여 마음의 자유를 얻게 하는 공부인 바, 예로부터 큰 도에 뜻을 둔 사람으로서 선을 닦지 아니한 일이 없나니라." <정전> 무시선법의 내용입니다.

소태산의 선의 목적은 매우 분명합니다. '마음의 자유'입니다. 마음의 자유를 얻기 위한 공부의 하나로 보았습니다. 선 공부의 내용 또한 분명히 했죠. '원래에 분별 주착이 없는 각자의 성품을 오득'하도록 했습니다. 그동안 선에 대해 가졌던 여러가지 고정관념에서 벗어날 수 있는 설명입니다.

명상冥想의 사전적 의미는 '고요히 눈을 감고 깊이 생각함. 또는 그런 생각'입니다. 선과 마찬가지로 명상에 대한 간단한 설명입니다. 선의 역사와 맞먹는 수행법으로서의 명상을 이해하자면 상당한 노력이 수반되어야 할 것입니다. 쉽지 않은 일입니다. 소태산은 명상이란 표현을 거의 쓰지 않았습니다. 구도 과정을 회상하면서 명상이라는 단어를 한 두번 사용한 것이 전부입니다.

나는 또 어렸을 때부터 우연히 진리 방면에 취미를 가지기 시작하여 독서에는 별로 정성이 적고 밤낮으로 생각하는 바가 현묘한 그 이치이어서 이로 인하여 침식을 다 잊고 **명상**에 잠긴 적이 한 두번이 아니었으며, 그로부터 계속되는 정성이 조금도 쉬지 않은 결과 드디어 이날까지 진리 생활을 하게 되었으니….
_ 대종경, 수행품 11장

소태산의 수행법에 명상이라는 과목은 없지만 그의 수행법과 연관지어 생각해 본다면 좌선법과 공통점이 많아 보입니다. 소태산은 정기훈련과목에서 좌선에 대해서 설명하면서 "좌선은 기운을 바르게 하고 마음을 지키기 위하여 마음과 기운을 단전丹田에 주住하되 한 생각이라는 주착도 없이 하여, 오직 원적 무별圓寂無別한 진경에 그쳐 있도록 함이니, 이는 사람의 순연한 근본 정신을 양성하는 방법이요,"라고 했습니다. 또한 소태산은 〈정전〉 좌선법에서 단전주의 필요성을 강조한 대목에서 말합니다.

간화선看話禪을 주장하는 측에서는 혹 이 단전주법을 무기無記의 사선死禪에 빠진다 하여 비난을 하기도 하나 간화선은 사람을 따라 임시의 방편은 될지언정 일반적으로 시키기는 어려운 일이니, 만일 화두話頭만 오래 계속하면 기운이 올라 병을 얻기가 쉽고 또한 화두에 근본적으로 의심이 걸리지 않는 사람은 선에 취미를 잘 얻지 못하나니라. 그러므로 우리는 좌선하는 시간과 의두 연마하는 시간을 각각 정하고 선을 할 때에는 선을 하고 연구를 할 때에는 연구를 하여 정과 혜를 쌍전시키나니, 이와 같이 하면 공적空寂에 빠지지도 아니하고 분별에 떨어지지도 아니하여 능히 동정 없는 진여성眞如性을 체득할 수 있나니라.   _ 정전, 단전주의 필요

소태산은 선 공부를 모든 수도인들에게 장려했지만 공부길을 잘못 든 채 수행하는 선 수행에 대해선 엄청난 경책을 가했습니다.

근래에 선을 닦는 무리가 선을 대단히 어렵게 생각하여 처자가 있어도 못할 것이요 직업을 가져도 못할 것이라 하여 산중에 들어가 조용히 앉아야만 선을 할 수 있다는 주견을 가진 사람이 많나니 이것은 제법이 둘 아닌 대법을 모르는 연고라, 만일 앉아야만 선을 하는 것일진대 서는 때는 선을 못 하게 될 것이니 앉아서만 하고 서서 못하는 선은 병든 선이라 어찌 중생을 건지는 대법이 되리오. 뿐만 아니라 성품의 자체가 한갓 공적에만 그친 것이 아니니 만일 무정물과 같은 선을 닦을진대 이것은 성품을 단련하는 선공부가 아니요 무용한 병신을 만드는 일이니라. 그러므로 시끄러운 데 처해도 마음이 요란하지 아니하고 욕심 경계를 대하여도 마음이 동하지 아니하여야 이것이 참 선이요 참 정이니….   _ 정전, 무시선법

'병든 선', '무정물과 같은 선', '무용한 병신을 만드는 일'과 같이 과격한 표현도 서슴지 않았습니다. 선 공부를 강조하기 위해 무시선법을 내놓았지만 그래도 걱정이 된 듯합니다. 원불교 교리적으로 설명해보자면 어두울 '명冥'자는 분별이 없는 자리를 의미하고, '상想'은 공적영지의 광명을 따라 발현되는 온전한 분별지, 지혜를 의미한다고 볼 수 있겠습니다.

소태산의 대표적 마음공부

소태산의 마음공부는 꼭 수행에 한정지을 필요가 없을 정도로 중요합니다. 소태산의 사상 전반을 이해하고 공감하며 실천하고자 노력하는 모두를 마음공부라고 해도 무방하죠. 더구나 소태산의 수행법 전체를 관통하고 이를 대표하는 표현이 마음공부입니다.

　소태산의 수행법의 중심은 삼학입니다. 불교의 계정혜 삼학을 계승했지만 내용을 대폭 확장한 소태산의 삼학은 정신수양, 사리연구, 작업취사를 이릅니다. 세 가지 마음공부란 의미입니다. 그리고 소태산의 수행법은 시간적으로 정기와 상시로 나눕니다.

정기훈련은 공부인에게 정기定期로 법의 훈련을 받게 하기 위하여 정기훈련 과목으로 염불念佛·좌선坐禪·경전經典·강연講演·회화會話·의두疑頭·성리性理·정기일기定期日記·상시일기常時日記·주의注意·조행操行 등의 과목을 정하였나니, 염불·좌선은 정신수양 훈련 과목이요, 경전·강연·회화·의두·성리·정기일기는 사리연구 훈련 과목이요, 상시일기·주의·조행은 작업취사 훈련 과목이니라.

　　　　　　　　　　　　　　　　　　　　_ 정전, 정기훈련법

온·생·취 마음공부는 상시훈련법에 속해 있습니다.
공부인에게 상시로 수행을 훈련시키기 위하여 '상시응용 주의사항' 6조와

'교당내왕시주의사항' 6조를 정하였나니라.

상시응용 주의사항
1. 응용應用하는 데 온전한 생각으로 취사하기를 주의할 것이요.
2. 응용하기 전에 응용의 형세를 보아 미리 연마하기를 주의할 것이요.
3. 노는 시간이 있고 보면 경전·법규 연습하기를 주의할 것이요.
4. 경전·법규 연습하기를 대강 마친 사람은 의두 연마 하기를 주의할 것이요.
5. 석반 후 살림에 대한 일이 있으면 다 마치고 잠자기 전 남은 시간이나 또는 새벽에 정신을 수양하기 위하여 염불과 좌선하기를 주의할 것이요.
6. 모든 일을 처리한 뒤에 그 처리건을 생각하여 보되, 하자는 조목과 말자는 조목에 실행이 되었는가 못 되었는가 대조하기를 주의할 것이니라.

소태산의 수행법을 통칭하자면 마음공부라고 할 수 있습니다. 마음공부는 삼학-정신수양, 사리연구, 작업취사가 중심입니다. 이를 훈련시키기 위해서 정기로는 11과목을 두고 있습니다. 하지만 상시훈련을 강조한 대목에서 오히려 소태산 수행법의 진면목이 드러납니다. 소태산은 마음공부를 늘 해야 하고 늘 활용해야 하는 공부로 파악했습니다.

모든 학술을 공부하되 쓰는 데에 들어가서는 끊임이 있으나, 마음 작용하는 공부를 하여 놓으면 일분 일각도 끊임이 없이 활용되나니, 그러므로 마음공부는 모든 공부의 근본이 되나니라.

_ 대종경, 요훈편 1장

결국 소태산의 마음공부는 삼학에서 정기훈련으로 그리고 상시훈련으로 진화하고 있습니다. 동시動時 삼학으로서 상시적 수행으로 확장되기를 바라고 있고 그것이 바로 상시응용 주의사항 1조의 내용입니다. 언제 어디서나 '주의'를 하는 마음공부이고 이 책에서 이름 붙인 온·생·취 마음공부라고 하겠습니다.

소태산의 마음공부를 대표할만한 것은 무엇일까요. 전통적 관점에서 보자면 삼학이라고 해야 마땅할 것입니다. 무시선법이라고 해도 무방하죠. 하지만 여기서는 삼학을 동시動時에 해야 할 필요가 있고, 무시선법이 삼학병진의 대승선이라고 풀이된 것을 참고한다면 온·생·취 마음공부를 소태산의 대표적 마음공부라고 해도 될 것입니다.

소태산의 교법이 주목 받고 미래의 교법으로 각광 받는 대목은 신앙과 수행이 일부 성직자들의 것이 아니라 일반 대중들의 것이어야 한다는 관점과 내용입니다. 특정한 시간과 장소에서만 닦아야 하는 수행이 아니라 일반 대중들이 각자의 시공간에서 적절하게 수행할 수 있는 수행법이란 점입니다. 누구나 쉽게 할 수 있고 해야할 필요가 있는 수행법이란 점입니다. 이런 점에서 보자면 지금 여기서 누구나 할 수 있고 해야만 하는 공부로서의 온·생·취 마음공부는 오히려 다른 수행법보다도 더 우선적으로 손꼽힐 소태산의 대표적 마음공부라고 할 수 있을 것입니다.

4
이 공부, 어떻게 하나?

온·생·취 마음공부는 실생활에서 경계를 당해 한순간에 행해지곤 하지만 그 한순간의 온·생·취를 위해서는 수십 년간의 온·생·취 마음공부가 필요하기도 합니다. 마치 위대한 미술 작품이 순식간에 쉽게 그려지는 것 같아도 그 작품 속에는 위대한 화가의 일생이 녹아있는 것과 같습니다. 화가가 주위의 평가에 만족하지 않고 끝없이 자신의 공부를 계속하는 것처럼 온·생·취 마음공부를 하는 공부인도 끝없이 더 나은 온·생·취를 위해서 마음공부에 공을 들여야 합니다.

온·생·취 마음공부가 쉬운 듯하면서도 어려운 까닭이 있습니다. 가장 큰 이유는 공부인의 공부 정도, 공부 수준일 것입니다. ('법위등급' 참고) 초보자는 어떤 때에 온·생·취 마음공부를 해야 할지 조차 모릅니다. 경계를 알아차리지 못하는 것입니다. 마음공부의 실력이 설익은 경우에는 경계를 당해서 서툴게 대응을 하고 맙니다. 수준이 높은 공부인들은 보통 사람들의 눈에 띄지 않아도 매우 수준 높은 온·생·취 마음공부의 실력을 발휘해서 경계와 일을 처리합니다.

경계를 대할 때마다 마음공부 할 때임을 알아서 공부를 해야 마음공부의 실력이 늘어납니다. 그래야 다음에 경계를 당할 때 제대로 마음공부의 실력을 발휘할 수 있습니다. 온·생·취 마음공부도 마찬가지입니다. 실전과 공부가 하나입니다. 하나의 경계를 당해서 온전한 생각으로 취사하기를 주의하는 것 자체가 그 동안 쌓은 마음공부의 실력을 발휘하는 것인 동시에 온·생·취 마음공부인 것입니다. 이 공부의 축적이 더 나은 온·생·취를 보장합니다.

모든 사람들이 행복하게 잘 살기를 바라지만 자기 마음대로 잘 안되는 이유는 바로 마음공부의 실력 때문입니다. 한 경계 한 경계를 응해서 어떻게 심심작용을 하는가에 따라 행복과 불행이 갈리고, 삶의 방향이 바뀝니다. 온·생·취 마음공부가 소중한 이유입니다. 하지만 이 공부를 어떤 순서로 해야 하는지 구체적으로 설명하기가 쉽지 않습니다. 소태산의 교리 전부를 이해하고 있어야 이 공부를 제대로 이해할 수 있지만 따로 이 온·생·취 마음공부에 대한 구체적인 설명은 명시되어 있지 않기 때문입니다.

일단 소태산의 가르침에 따라 온·생·취 마음공부의 순서를 임의로 잡아보고 설명을 덧붙여 보았습니다. 과정을 너무 세분화했다고 느끼는 분들도 있겠지만 온·생·취 마음공부가 생소한 분들에게 도움을 드리려고 시도해보았습니다.

온·생·취 마음공부는 이런 순서로 합니다.

1. 경계를 알아챈다.
2. 온전한 마음을 챙긴다.
3. 생각을 잘 한다.
4. 취사를 잘 한다.
5. 대조를 잘 한다.
6. 다시 온전한 마음을 챙긴다.
7. 상시훈련·정기훈련으로 마음의 힘을 기른다.
8. 무한 반복한다.
9. 은혜에서 은혜로

경계境界를
알아챈다

특별히 문제가 되는 상황을 경계라고 해도 되지만 넓게는 나를 둘러싼 모든 것이 경계입니다. 발 밑도 잘 봐야 하고 거대한 우주도 잘 봐야 합니다. 나를 둘러싼 모든 존재들을 잘 보아야 나를 잘 볼 수 있습니다. 나는 사은四恩님 품 안의 존재이고 또 천만 경계와 만나고 있는 존재죠.

   길가에 핀 작은 꽃도 잘 보고 내게 인사하는 사람의 표정도 잘 보아야 합니다. 우울한 동료의 마음도 깊이 살펴보아야 하고 신호등도 잘 보아야 하고 내게 날아오는 비난의 화살도 똑바로 보아야 합니다. 누군가의 부탁이 내 삶을 좌우할 수도 있으니 그 부탁의 의미도 깊이 보아야 합니다. 돌이 날아오는데 알아채지 못하면 피를 흘리게 됩니다. 나를 향한 희미한 미소를 놓쳐버리면 사랑을 잃어버릴 수도 있습니다.

   커다래서 잘 보이는 경계들도 깊이 보아야 하고, 미세해서 잘 보이지 않는 경계들도 잘 보아야 합니다. 경계의 의미와 원인까지 깊이 봐야 합니다. 마음을 잘 챙겨야 경계도 잘 챙길 수 있습니다.

경계를 대할 때마다 공부할 때가 돌아온 것을 염두에 잊지 말고 항상 끌리고 안 끌리는 대중만 잡아갈지니라.

_ 정전, 무시선법

온전穩全한 마음을 챙긴다

'본바탕 그대로 고스란한' 원래 마음을 챙겨야 합니다.
조급하지도 않고 불안하지도 않은 편안한 마음.
기쁨·노여움·슬픔·즐거움과 같은 감정에도 물들지 않은 마음.
애착·탐착·원착심이 없는 마음.
뭔가를 반드시 이뤄내야겠다는 마음도 없는 빈 마음을 챙깁니다.
불필요한 분별과 주착심으로부터 자유로운 마음에 머뭅니다.
어떤 경계에도 요란하지 않은 마음을 챙깁니다.
마음이 고요하고 초롱초롱해야 합니다.
늘 건강해야 합니다.

우리가 정신수양 공부를 오래오래 계속하면 정신이 철석같이 견고하여, 천만 경계를 응용할 때에 마음에 자주自主의 힘이 생겨 결국 수양력修養力을 얻을 것이니라.

_ 정전, 정신수양의 결과

생각生覺을
잘 한다

지혜로운 생각을 해야 합니다.
이치에도 밝고 일에도 밝아야 합니다.
모든 일의 뒤에 숨은 이치를 알아내서 일을 잘 풀어갑니다.
일을 할수록 이치가 밝아집니다.
경계가 오면 그 경계의 원인을 생각해보고
내 심신작용의 결과를 생각합니다.
깊고, 넓고, 멀리 생각합니다.
잘 배우고 잘 물어봅니다.
지혜가 날로 밝아져서 어떤 일이든 술술 풀어갑니다.
천만 경계에 응해서 어떻게 심신작용을 해야 할지 답을 잘 찾습니다.

우리가 사리연구 공부를 오래오래 계속하면, 천만 사리를 분석하고 판단하는 데 걸림 없이 아는 지혜의 힘이 생겨 결국 연구력을 얻을 것이니라.
_ 정전, 사리연구의 결과

*'생각'을 한자로 '生覺'이라 표기한 것은 저자 나름의 해석입니다.

취사取捨를 잘 한다

하려고 마음을 먹었으면 그대로 해야 합니다.
정의는 취하고 불의는 버려야 합니다.
하지만 그게 쉽지 않습니다.
옳고 그름, 정의와 불의를 몰라서 실행을 못하기도 하지만
많은 사람들이 알면서도 못하는 경우가 많죠.
불같이 일어나는 욕심을 제어해야 하고,
철석같이 굳은 습관에 끌려가지 말아야 합니다.
정의는 처음에는 실행하기 힘들어도 실행하면 그 끝이 좋습니다.
불의는 처음엔 달콤해도 그 끝은 고통스럽고 불행합니다.
소태산 대종사님은 취사의 실행을 하지 못하면
'줄기와 가지와 꽃과 잎은 좋은 나무에 결실이 없는 것과 같다'
라고 하셨습니다.
인생의 결실은 올바른 취사에 달렸습니다.

우리가 작업취사 공부를 오래오래 계속하면, 모든 일을 응용할 때에 정의는 용맹 있게 취하고, 불의는 용맹 있게 버리는 실행의 힘을 얻어 결국 취사력을 얻을 것이니라.

_ 정전, 작업취사의 결과

대조對照를 잘 한다

한 가지 일을 처리했으면 잘 되었는지 성찰합니다. 열 가지 일을 했어도 마찬가지이고 백 가지 일을 했어도 마찬가지입니다. 대조하기를 마쳐서 그 일로부터 새로운 배움과 교훈을 얻어야 일을 마친 것입니다. 특별히 하자는 조목과 말자는 조목을 마음에 정해두고 공들이는 유무념 공부를 하면서 대조 공부를 합니다. 그리고 온전한 생각으로 취사하기가 잘 되었는지 전 과정을 돌아보며 그 결과까지 잘 되었는지 대조합니다. 비록 잘못되었다 할지라도 다음 번에는 더 나아질 것입니다. 대조 공부의 공덕입니다.

유념·무념은 모든 일을 당하여 유념으로 처리한 것과 무념으로 처리한 번수를 조사 기재하되, 하자는 조목과 말자는 조목에 취사하는 주의심을 가지고 한 것은 유념이라 하고 취사하는 주의심이 없이 한 것은 무념이라 하나니, 처음에는 일이 잘 되었든지 못 되었든지 취사하는 주의심을 놓고 안 놓은 것으로 번수를 계산하나, 공부가 깊어가면 일이 잘되고 못된 것으로 번수를 계산하는 것이요,

_ 정전, 상시일기법

주의는 사람의 육근을 동작할 때에 하기로 한 일과 안 하기로 한 일을 경우에 따라 잊어버리지 아니하고 실행하는 마음을 이름이요,

_ 정전, 정기훈련법

상시훈련을 계속한다

일상 생활 속에서 상시훈련을 계속해야 합니다. 공부인에게는 일상이 곧 훈련이어야 합니다. 그래야 경계를 당해서 온전한 생각으로 취사를 할 수 있기 때문입니다.

공부인에게 상시로 수행을 훈련시키기 위하여 '상시응용 주의사항' 6조와 '교당내왕시 주의사항' 6조를 정하였나니라.

상시응용 주의사항
1. 응용應用하는 데 온전한 생각으로 취사하기를 주의할 것이요.
2. 응용하기 전에 응용의 형세를 보아 미리 연마하기를 주의할 것이요.
3. 노는 시간이 있고 보면 경전·법규 연습하기를 주의할 것이요.
4. 경전·법규 연습하기를 대강 마친 사람은 의두 연마 하기를 주의할 것이요.
5. 석반 후 살림에 대한 일이 있으면 다 마치고 잠자기 전 남은 시간이나 또는 새벽에 정신을 수양하기 위하여 염불과 좌선하기를 주의할 것이요.
6. 모든 일을 처리한 뒤에 그 처리건을 생각하여 보되, 하자는 조목과 말자는 조목에 실행이 되었는가 못 되었는가 대조하기를 주의할 것이니라.

교당내왕시 주의사항

1. 상시응용 주의사항으로 공부하는 중 어느 때든지 교당에 오고 보면 그 지낸 일을 일일이 문답하는 데 주의할 것이요.
2. 어떠한 사항에 감각된 일이 있고 보면 그 감각된 바를 보고하여 지도인의 감정 얻기를 주의할 것이요.
3. 어떠한 사항에 특별히 의심나는 일이 있고 보면 그 의심된 바를 제출하여 지도인에게 해오解悟 얻기를 주의할 것이요.
4. 매년 선기禪期에는 선비禪費를 미리 준비하여 가지고 선원에 입선하여 전문 공부하기를 주의할 것이요.
5. 매 예회例會날에는 모든 일을 미리 처결하여 놓고 그 날은 교당에 와서 공부에만 전심하기를 주의할 것이요.
6. 교당에 다녀갈 때에는 어떠한 감각이 되었는지 어떠한 의심이 밝아졌는지 소득 유무를 반조하여 본 후에 반드시 실생활에 활용하기를 주의할 것이니라.

_ 정전, 상시훈련법

온·생·취 마음공부는 상시훈련 12과목 가운데 하나임을 유념해야 합니다. 나머지 11가지를 정성스럽게 수행해야 비로소 온·생·취 마음공부를 제대로 할 수 있습니다. 여기에 정기훈련을 더해서 마음의 힘을 더욱 강하게 기르도록 해야 합니다. 이런 수행 구조가 소태산 수행론의 근간입니다.

정기훈련으로
마음의 힘을 기른다

소태산은 훈련을 매우 중시했습니다. 기간과 장소를 특정해서 하는 정기훈련定期訓練도 중시했지만 일상생활을 하면서 하는 상시훈련常時訓練을 더 중시했습니다. 하루하루 매 순간을 모두 훈련을 해야 할 시간으로 보았습니다.

일반인들이 평소에 쌓인 피로를 풀고 재충전을 하기 위해서 휴가를 가거나 연수를 가는 것과 같이 마음공부를 하는 공부인들은 정기훈련을 통해서 정신수양, 사리연구, 작업취사의 삼대력 쌓는 방법을 익히고 평소에는 상시훈련법으로 삼대력을 쌓으면서 온·생·취 중심의 동시삼학을 진행하고 작업취사 중심의 공부로 실생활에서 마음공부를 활용하는 공부를 하는 것입니다.

마치 운동선수가 시합이 많은 시즌 중에는 거기에 맞는 운동과 훈련으로 좋은 성적을 내기 위해 준비를 하고, 비시즌 중에는 시간과 장소를 특정해서 기본적이고 전문적인 훈련에 공을 들여서 시즌을 준비하는 것과 마찬가지라고 보면 되겠습니다.

공부인들은 동시와 정시에 어떻게 마음공부를 하고 훈련을 어떻게 하느냐 하는 대중을 잘 잡아야 마음에 힘을 쌓을 수 있고 그 힘으로 실생활을 잘 할 수 있습니다. 온·생·취 마음공부를 한다고 하면서 훈련을 소홀히 한다면 마치 운동선수가 훈련없이 시합만을 계속하는 것과 같습니다. 처음에는 실력이 느는 것 같지만 나중에는 실력이 바닥나고 체력이 고갈되고 말 것입니다. 체계적인 상시훈련과 정기훈련에 공을 들여야 실생활에서 천만경계에 응해서 온·생·취를 잘할 수 있다는 것을 명심해야 합니다.

공부인에게 정기定期로 법의 훈련을 받게 하기 위하여 정기 훈련 과목으로 염불念佛·좌선坐禪·경전經典·강연講演·회화會話·의두疑頭·성리性理·정기 일기定期日記·상시 일기常時日記·주의注意·조행操行 등의 과목을 정하였나니, 염불·좌선은 정신 수양 훈련 과목이요, 경전·강연·회화·의두·성리·정기 일기는 사리 연구 훈련 과목이요, 상시 일기·주의·조행은 작업 취사 훈련 과목이니라.

_ 정전, 정기훈련법

정기훈련법과 상시훈련법의 관계를 말하자면, 정기훈련법은 정할 때 공부로서 수양·연구를 주체 삼아 상시 공부의 자료를 준비하는 공부법이 되며, 상시훈련법은 동할 때 공부로서 작업취사를 주체삼아 정기 공부의 자료를 준비하는 공부법이 되나니, 이 두 훈련법은 서로서로 도움이 되고 바탕이 되어 재세 출세의 공부인에게 일분 일각도 공부를 떠나지 않게 하는 길이 되나니라.

_ 정전, 정기훈련법과 상시훈련법의 관계

무한
반복한다

온·생·취 마음공부는 무한 반복하는 것입니다. 특별한 경계를 당해서 특별하게 대응하고 마는 공부가 아닙니다. 평소에 성품을 떠나지 않는 마음가짐으로 지내다가 천만 경계에 응해 온·생·취로 심신작용을 하고 하자는 조목과 말자는 조목에 실행이 되었는가 못 되었는가 대조합니다.

　상시응용 주의사항 6조의 내용대로 일상생활 속에서 마음의 힘을 기르고 정기훈련으로 삼대력을 길러야 합니다. 그래야 온전한 마음으로 천만경계에 응해 온·생·취의 심신작용을 할 수 있습니다. 생활이 곧 마음공부이고 마음공부로 생활을 해 나가면 일과 공부가 둘이 아니고 일 속에서 공부가 진전되고 공부로 인해 일이 잘 됩니다. 점점 나아지는 삼대력과 온·생·취 실력! 이 과정을 통해 부처의 길로 나아가게 됩니다.

　　처처불상處處佛像 사사불공事事佛供
　　무시선無時禪 무처선無處禪
　　동정일여動靜一如 영육쌍전靈肉雙全
　　불법시생활佛法是生活 생활시불법生活是佛法

은혜에서
은혜로

온·생·취 마음공부를 자칫 마음 씀의 기술로 오해할 수 있습니다. 절도범도 온·생·취를 하면 도둑질에 성공하고 사기꾼도 온·생·취를 하면 완전 범죄를 하는데 도움이 되니까요. 하지만 그것은 아닙니다. 그들의 마음은 온전한 마음도 아니고 지혜로운 마음도 정의로운 마음도 아닙니다. 자칫해서 이런 종류의 오해를 할까 봐 덧붙입니다.

   소태산의 마음공부는 처음도 은혜에서 시작하고 끝도 은혜에서 마쳐야 합니다. 우주 만물이 서로 '없어서는 살 수 없는' 관계로 맺어져 있다는 은恩사상에서 출발해야 합니다. 온·생·취 마음공부 역시 선인선과善因善果 악인악과惡因惡果의 철저한 인과론과 없어서는 살 수 없는 관계로 사은에 대한 지은 보은을 하는 단단한 윤리적 토대 위에 놓여있습니다. 우주만물이 모두 은혜이고 우리의 행복과 불행을 좌우하는 권능을 가진 부처입니다. 은혜를 아는 지은知恩과 은혜에 보답하는 보은은 처처불상 사사불공으로 연결됩니다.

   온·생·취의 온전한 마음도 그저 빈마음이 아니라 우주만물에 대한 경외심이 전제되어야 합니다. 온·생·취 하기 전에도 은혜에 바탕해야 하고 온·생·취를 하면서도 감사보은의 관점을 잃지 않아야 합니다. 온·생·취를 하면 그 결과가 충만한 은혜로 결실되어야 합니다. 온·생·취를 하고 나서도 다시 충만한 은혜 안에서 온전해야 합니다. 이미 온·생·취 마음공부 안에는 이런 기본 전제가 녹아 있는 것입니다.

다시 온전한 마음을 챙긴다

경계에 응해서 치열하게 심신작용을 하고 온·생·취를 하고나서는 다시 온전한 마음을 챙겨야 합니다. 평상심平常心을 잘 챙기는 것입니다. <정전> 무시선법에서 "육근六根이 무사無事하면 잡념을 제거하고 일심을 양성하며 육근이 유사有事하면 불의를 제거하고 정의를 양성하라"고 설명되었듯이 잡념만 제거하고 일심을 챙기는 상태를 유지하면 됩니다.

"사람의 성품이 정한 즉 선도 없고 악도 없으며, 동한 즉 능히 선하고 능히 악하나니라" 라는 <대종경> 성리품 2장의 내용처럼 선도 없고 악도 없는 성품자리에 머물러 있으면 됩니다.

쉽게 설명을 하려니까 온·생·취 마음공부의 첫 단계를 경계를 알아차리는 것에서 시작했지만 엄밀히 말하자면 평소에 온전한 마음을 챙기고 있어야 합니다. 그래야 경계를 알아차릴 수 있기 때문입니다.

빈 저울이 영(0)을 가리키고 있어야 하고, 도화지에 그림을 그리기 전에 아무것도 없어야 하듯이 마음도 그래야 합니다. 온전한 마음에서 시작한 온·생·취 마음공부는 이를 계속할수록 좀 더 온전한 마음을 찾아갈 수 있습니다. 이 마음공부 과정을 무한히 반복해서 늘 온전한 마음에 머물 수 있도록 해야겠습니다.

II
응용

응용하는 데 온전한 생각으로 취사하기를 주의할 것이요

- 소태산, 상시응용 주의사항 1조 -

마음편지

천만 경계! 천만 은혜!

나를 둘러싼 모든 것이
문제고 경계境界죠.
자칫 방심하면 고통의 원인이 됩니다.

그래서 '앗! 경계다'라고 하죠.
알아차리는 것이죠.
마음공부의 시작입니다.

그런데 참 묘하죠.
경계를 잘 알아차리고
온전한 생각으로 취사를 하면
경계들이 하나하나 은혜로 바뀌기 시작하죠.

천만 경계가 천만 은혜로 바뀝니다.
경계는 은혜의 다른 이름이 됩니다.

'앗! 경계'에서
'아! 은혜'라는 포근한 세계로
살며시 옮겨가야겠습니다.

단상 - 01

"아빠!"
"응"
"김 선생님!"
"네"
누군가 내게 다가옵니다.
내가 응하고 있습니다.
상대란 경계에 응應 해서
내 마음이 용用 하고 있습니다.

응하지 않으면
당신과 나 사이에 아무것도 일어나지 않죠.
당신은 당신이고 나는 나입니다.

당신에게 내가 응하고
당신이 내게 응할 때
당신과 나는 새로워집니다.
당신과 나 사이에 새로운 세계가 열립니다.

단상 - 02

당신을 응접합니다.
커피를 드릴까요? 홍차를 드릴까요?
아니면 차가운 냉수 한잔을 드릴까요?

당신을 위해 마음을 씁니다.
지금 응용應用 하고 있습니다.
이제 당신이 응용할 차례입니다.

우주 만물에 잘 응하는 사람
마음과 몸을 잘 쓰는 사람이 되어야죠.
응용을 잘 하는 사람이 되어야죠.

단상 - 03

응할 때 이미 마음이 쓰입니다.
응할 때 이미 공부가 다 드러납니다.
마음공부의 승패는 순간에 갈리곤 합니다.

미리 쓴 답을 외운 학생은 어리석어요.
아직 선생님이 문제를 내지도 않았으니까요.
그냥 성실하게 공부하다가
그 문제 그 경계에 응하면 됩니다.

단상 - 04

남자와 여자로 갈리고
어른과 아이로 나뉘고
자본주의자와 공산주의자로 분별되고
선과 악, 미와 추로 경계가 나뉘는데도
서로 소통할 수 있고
함께할 수 있는 이유는 무엇일까요.
아마도, 우리 모두에게
온전한 마음이 있기 때문일 것입니다.

마음에 잔가지를 쳐내고,
뿌리만 남기고,
팔만사천 분별 망상을 잠재우고,
철석같은 주착심과 집착을 녹여버린 다음에야
허공으로 나타나는
온전한 마음!

단상 - 05

분별을 못하는 것과
분별하지 않는 것은 아주 다르죠.
천지분간 못하는 사람은 바보입니다.
천만경계의 분별을 넘어서는 사람은 부처요 성현이죠.
온전한 마음을 늘 챙기고 있는 사람만이
분별을 초월할 수 있고,
천만경계를 넘어서 무경계의 경지로 나아갈 수 있습니다.

분별이 없는 경지에 들고자 함은
분별을 제대로 하고자 함이죠.
분별 없는 데와 분별 해야 하는
사이에 존재하는 것이 인간人間인지도 모릅니다.

단상 - 06

저울눈이 조용히 영零'0'을 가리키고 있습니다.
정확한 저울은 작은 무게에도 민감하게 반응하죠.
물론 아주 무거운 무게에도 정확하게 반응합니다.
건강한 저울은 무게를 재고 나면 다시 제자리로 돌아옵니다.
조용히 영'0'의 자리에 머물죠.

건강한 마음도 마찬가지입니다.
영'0'에서 시작합니다.
그리고 천만 경계에 민감하고 정확하게 반응합니다.
그리고 다시 영'0'에 머물죠.

영에 머무는 저울 같은 마음이 원만구족한 마음,
모든 무게에 정확하게 반응하는 저울 같은 마음이
지공무사한 마음 아닐까 싶습니다.
저울을 보면서 온전한 마음을 생각해봅니다.

2. 온·생·취와 응용

'응용應用'이란 사전적으로 '어떤 이론이나 이미 얻은 지식을 구체적인 개개의 사례나 다른 분야의 일에 적용하여 이용함'<표준국어대사전>을 의미합니다. '수학을 공부할 때는 공식의 암기보다 응용이 더 중요하다.'와 같이 사용되는 단어입니다.

상시응용 주의사항에서의 '응용'은 일반적인 의미의 응용과 마찬가지로 어떤 이론이나 원리를 전제로 한 것으로 볼 수 있습니다. 마음공부에 적용해보면 마음의 이론이나 원리를 구체적인 상황에 적용해서 이용하자는 의미라고 해석할 수 있습니다.

응용하는 데 - 경계에 應해서 심신작用

경계 + 응應 + 용用(心身作用)

경계1
경계2
→
온·생·취1
온·생·취2
→
천만경계 당할 때마다
온·생·취 마음공부

천만경계 : 온·생·취 마음공부 천만 번

'응용'의 의미를 '응應'과 '용用'으로 나눠 보면 오히려 상시응용 주의사항의 의미가 더 쉽게 드러납니다. '용用'은 '심신작용心身作用'을 의미한다고 할 수 있습니다. 마음작용과 심신작용의 원리를 실제 생활에 적용해서 이용하자는 의미입니다. 여기서 '용用'은 '심신작용心身作用' 입니다. 육근작용이라고 해도 같습니다.

그리고 심신작용을 한다는 것은 '경계'의 존재를 전제로 합니다. '응應'이라 함을 우리를 둘러싼 천만가지 경계에 '접응接應'하는 것으로 해석하면 어떨까요. '천만 경계를 만나서 응하는 때', '천만 경계에 응하여 심신작용을 할 때'로 보는 것이 적절합니다.

우리가 정신수양 공부를 오래오래 계속하면 정신이 철석같이 견고하여, 천만 경계를 응용할 때에 마음에 자주自主의 힘이 생겨 결국 수양력修養力을 얻을 것이니라.

_ 정전, 정신수양의 결과

그러므로, 경經에 이르시되 '응하여도 주한 바 없이 그 마음을 내라' 하시었나니, 이는 곧 천만 경계 중에서 동하지 않는 행을 닦는 대법이라.

_ 정전, 무시선법

그러므로 천하에 벌여진 모든 바깥 문명이 비록 찬란하다 하나 오직 마음 사용하는 법의 조종 여하에 따라 이 세상을 좋게도 하고 낮게도 하나니, 마음을 바르게 사용하면 모든 문명이 다 낙원을 건설하는데 보조하는 기관이 되는 것이요, 마음을 바르지 못하게 사용하면 모든 문명이 도리어 도둑에게 무기를 주는 것과 같이 되나니라. 그러므로 그대들은 새로이 각성하여 이 모든 법의 주인이 되는 **용심법**用心法을 부지런히 배워서 천만 경계에 항상 자리 이타로 모든 것을 **선용**善用하는 마음의 조종사가 되며, 따라서 그 조종 방법을 여러 사람에게 교화하여 물심양면으로 한 가지 참 문명 세계를 건설하는 데에 노력할지어다.

_ 대종경, 교의품 30장

너는 마땅히 그 하고 싶은 데에도 끌리지 말고 하기 싫은 데에도 끌리지 말고 항상 정당한 도리만 밟아 행하여 능히 천만 경계를 **응용하는 사람**은 될지언정 천만 경계에 끌려 다니는 사람은 되지 말라. 그러하면 영원히 너의 참되고 떳떳한 본성을 여의지 아니하리라.

_ 대종경, 수행품 20장

이상과 같은 소태산의 법문들이 앞선 해석의 근거가 될 수 있습니다. 용심법을 천만 경계에 잘 활용하라는 일관된 주문입니다.

3. 응용과 경계

경계

· 경계 : 지경 경 境, 지경 계 界
- 사물이 어떠한 기준에 의하여 분간되는 한계. 지역이 구분되는 한계. 〈표준국어대사전〉
- 인과의 이치에 따라서 일상생활 속에서 부딪치게 되는 모든 일들.
  곧 나와 관계되는 일체의 대상. 인간 생활에서 맞게 되는 모든 일과 환경. 〈원불교대사전〉

'응용하는 데 온전한 생각으로 취사하기를 주의할 것이요'라는 내용 어디에도 '경계'라는 말은 없습니다. 경계라는 용어가 나오진 않아도 의미상으로 전제되어 있죠. 천만경계를 응해서 심신작용을 할 때 삼학의 대중을 놓지 않기를 주의하는 공부가 바로 온·생·취 마음공부입니다.

공부하는 사람은 세상의 **천만 경계**에 항상 삼학의 대중을 놓지 말아야 할 것이니, 삼학을 비유하여 말하자면 배를 운전하는데 지남침 같고 기관수 같은지라, 지남침과 기관수가 없으면 그 배가 능히 바다를 건너지 못할 것이요,

삼학의 대중이 없으면 사람이 능히 세상을 잘 살아 나가기가 어렵나니라.
_ 대종경, 교의품 22장

가장 넓은 의미로서의 경계는 '인간생활에서 맞게 되는 모든 일과 환경'으로서의 경계라고 할 수 있습니다. 하지만 이는 주관과 객관으로 나눴을 때이고 좀 더 다양하게 살펴볼 필요가 있습니다. 예를들면 공부의 정도에 따라 경계를 느끼는 정도에 차이가 있습니다. 경계를 좀더 세밀하게 이해해야 마음공부 삼을 때 도움이 됩니다.

국방을 하는 데에도 육, 해, 공 3방면의 방어가 필요한 것 같이 공부인에게도 3방면의 항마가 필요하나니, 그는 곧 **순경과 역경과 공경**空境의 세 경계라, 순경은 내 마음을 유혹하는 경계요, 역경은 내 마음에 거슬리는 경계요, 공경은 내 마음이 게을러진 경계니, 법강항마할 때까지는 방어에 주로 주력하고 항마 후에는 이 모든 경계를 노복처럼 부려 쓰나니라.
_ 정산종사 법어, 권도편 41장

육경六境

> 육근(안이비설신의)이   천만경계를 응應하여   심신작용作用을 할 때

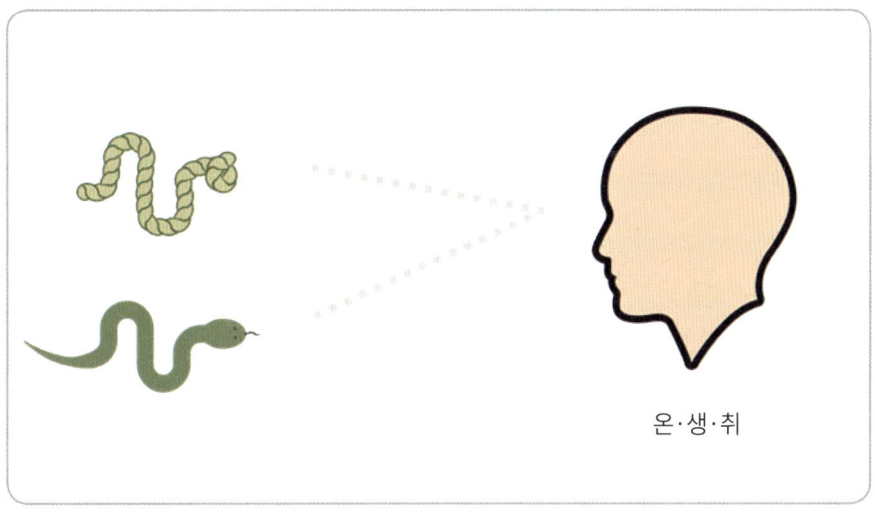

온·생·취

산스크리트어 sad-visaya 경境은 대상을 뜻함. 육근六根의 대상인 색色·성聲·향香·미味·촉觸·법法을 말함.

- **색경**色境 눈으로 볼 수 있는 대상인 모양이나 빛깔.
- **성경**聲境 귀로 들을 수 있는 대상인 소리.
- **향경**香境 코로 맡을 수 있는 대상인 향기.

- **미경**味境 혀로 느낄 수 있는 대상인 맛.
- **촉경**觸境 몸으로 느낄 수 있는 대상인 추위나 촉감 등.
- **법경**法境 의식 내용. 관념.

육경六境은 육근이 인식할 수 있는 대상 경계를 말합니다. 안이비설신의 육근이라는 감각기관이 색성향미촉법이란 여섯 가지 경계를 만나면 육식六識이 발생하게 됩니다. 경계를 이해할 때 불교에서 말하는 육경을 참고할 필요가 있습니다. 다음에 이야기하는 경계에 대한 설명은 경계를 쉽게 이해하기 위한 편의적 구분입니다.

물리적 경계
모든 존재는 물리적 경계를 가지고 있습니다. 책상과 의자, 내 몸과 네 몸, 두 존재 사이에는 어떤 물리적 경계가 있죠. 인간은 육신을 가지고 있는 존재이기에 이 물리적 경계를 소홀히 할 수 없습니다. 예컨대, 밤길에 갑자기 들이닥치는 자동차는 내 목숨을 좌우하는 경계입니다. 순간적으로 빠르게 온·생·취를 해서 피해야 하는 경계라 할 수 있습니다.

심리적 경계
물리적 경계는 눈으로 볼 수 있고 감각에 의해 구분되고 인식되지만 심리적 경계는 그렇지 않습니다. 예컨대, 두 사람이 손을 잡고 있을 때 좋은 감정이나 싫은 감정이 있을 때 이들은 모두 경계가 됩니다. 연애하는 청춘 남녀가 서로 손을 잡고 싶어도 경계이고, 싫어하는 사람끼리 손을 잡아야 할 때도 보이지 않는 마음의 경계가 존재합니다. 감정만이 아닙니다. 어떤 생각이나 관념, 이념 등도 모두 경계를 만들어냅니다. 예컨대, 민주당과 공화당 사이에도 경계가 있고, 사회주의자와 자본주의자들에게는 서로가 경계일 수 있습니다.

분별과 경계

존재 사이에는 경계가 있습니다. 경계는 나눔의 기준이 되기도 하고 나눔은 경계로 인해 만들어집니다. 물리적 경계나 심리적 경계가 모두 마찬가지죠. 경계는 나눔과 분별에서 생깁니다. 마음 안에서 분별이 일어나지 않으면 경계도 없습니다. 분별심을 없애려고 하는 노력도 결국은 분별에 따라 수없이 생기는 경계를 줄이려는 목적일 수 있습니다.

그렇다고 모든 분별이 불필요하고 나쁜 것이 아닙니다. 일원상의 진리를 보면 크게 분별이 없는 자리와 분별이 있는 자리로 나뉩니다. 잘못된 분별이 문제이지 공적영지의 광명에 따른 분별은 반드시 필요한 것입니다. 나라는 주체가 있는 한 분별도 있을 수밖에 없고 경계도 있을 수밖에 없습니다. 단지 올바른 분별로 천만 경계에 온·생·취를 할 뿐입니다.

마음공부 수준과 경계

법위등급	경계	마음공부
보통급	경계인지도 모른다	마음공부를 하려고 한다
특신급	큰 경계는 알아챈다	배운대로 마음공부에 노력한다
법마상전급	천만경계에 둘러싸여 고전한다	마음공부가 잘 되기도 하고 잘 안되기도 한다
법강항마위	천만경계를 모두 이겨 나간다	경계와 마음의 본질을 알아서 마음공부를 한다
출가위	천만경계가 녹아버린다	국한 없는 마음공부를 한다
대각여래위	천만경계가 천만은혜로 화한다	대자대비의 마음공부로 자취도 없다

〈정전〉 법위등급 참고

천만경계에서 무경계로

초심자에게는 경계를 알아차리는 것 자체가 어렵습니다. 나를 괴롭히고 내게 문제로 다가오는 일과 상황들을 모두 경계로 삼아야 마음공부를 시작합니다. 그렇게 공부를 하다 보면 나를 둘러싼 모든 것들이 경계로 화하기 시작합니다. 예전에는 경계인지도 모르고 그냥저냥 살았는데 주의심을 가지고 마음공부를 하니 더 많은 경계들이 보이기 시작합니다. 그냥 지나쳤던 아주 작은 경계들도 내 인생에 커다란 영향을 미쳐 왔음을 깨닫게 됩니다. 일거수 일투족이 모두 공부 거리이며 경계가 됩니다.

자신의 마음속에서 일어나는 분별심까지 모두 알아차리게 됩니다. 옳고 그름에 대한 치열한 내면의 다툼이 벌어지는 단계입니다. 이때는 수없이 일어나는 분별심과 외부의 모든 환경까지 모두 경계로 보게 되니, 외부 경계와 내부 경계가 빚어내는 경계들이 수도 없이 많아집니다. 그야말로 '천만경계'를 상대해야 하는 어려움에 처하게 됩니다. 소태산은 이 단계를 법위등급에서 '법마상전급法魔相戰級'이라고 표현했습니다. 어렵지만 이 단계를 제대로 거치지 않으면 마음공부를 해야 할 세밀한 경계들을 놓쳐버리게 됩니다.

이 단계를 지나 마음의 원리를 알게 되고 인과의 이치를 터득하고 마음에 힘이 생기게 되면 새로운 국면을 맞게 됩니다. 천만 경계를 알아차려서 바르게 심신작용을 하되 어려움이 점차 줄어들게 됩니다. 분별심에서 비롯되는 경계의 본질도 알아채서 천만경계의 가짓수가 많을 뿐 상대하기가 쉬워집니다. 법위등급에서 '법강항마위法强降魔位'라고 표현한 단계입니다.

'출가위出家位' 이상의 등급으로 발전하면 이제 천만 경계는 무경계로 나아가게 됩니다. 무시선법에서 '진대지盡大地가 일진법계一眞法界로 화하여 시비선악과 염정제법染淨諸法이 다 제호醍醐의 일미一味를 이루니 이것이 이른바 불이문不二門이라 생사자유와 윤회해탈과 정토극락이 다 이 문으로부터 나오나니라.'고 표현한 것이 이른바 무경계의 경지가 아닐까 싶습니다.

법강항마위부터 이미 경계의 지배를 벗어난 삶을 살게되므로 경계가 은혜로 인식되기 때문에 과거와는 차원이 다른 대응을 하게 됩니다. 출가위, 대각여래위로 가면서부터는 천만 경계가 천만 은혜로 변화한다고 봅니다.

마음의 힘과 경계

무시선법에 '경계를 대할 때마다 공부할 때가 돌아온 것을 염두에 잊지 말고 항상 끌리고 안 끌리는 대중만 잡아갈지니라.'라는 대목이 있습니다. 경계를 마음공부의 자료로 삼아야 한다는 말입니다. 경계를 당해서 마음공부를 하면 마음에 힘이 생기게 됩니다. 삼학을 표준으로 삼는다면 정신수양 공부로 수양력, 사리연구 공부로 연구력, 작업취사 공부로 취사력을 얻게 됩니다. 삼대력三大力이 길러집니다. 반대로 마음이 힘이 길러지면 경계도 변하게 됩니다.

수도인이 경계를 피하여 조용한 곳에서만 마음을 길들이려 하는 것은 마치 물고기를 잡으려는 사람이 물을 피함과 같나니 무슨 효과를 얻으리오, 그러므로 참다운 도를 닦고자 할진대 오직 천만 경계 가운데에 마음을 길들여야 할 것이니 그래야만 천만 경계에 마음이 흔들리지 않는 큰 힘을 얻으리라. 만일 경계 없는 곳에서만 마음을 단련한 사람은 경계 중에 나오면 그 마음이 바로 흔들리나니 이는 마치 그늘에서 자란 버섯이 태양을 만나면 바로 시드는 것과 같나니라. 그러므로 유마경維摩經에 이르시기를 "보살은 시끄러운 데 있으나 마음은 온전하고, 외도外道는 조용한 곳에 있으나 마음은 번잡하다." 하였나니, 이는 오직 공부가 마음 대중에 달린 것이요, 바깥 경계에 있지 아니함을 이르심이니라.

_ 대종경, 수행품 50장

그대들은 같은 신앙 가운데에도 이 원만하고 사실다운 신앙처를 만났으니 마음을 항상 챙기고 또 챙겨서 신앙으로 모든 환경을 지배는 할지언정 환경으로 신앙이 흔들리는 용렬한 사람은 되지 말라.

_ 대종경, 신성품 12장

마음의 힘과 경계의 힘은 정확히 반비례합니다. 천만 경계 속에서 마음공부를 해서 마음의 힘을 길러야 하고, 그래야 천만 경계에서 마음을 잘 쓸 수 있습니다. 바깥 경계가 문제가 아니라 내 마음공부가 관건입니다. 마음공부의 목적 역시 분명합니다. 환경의 지배를 받는 사람이 아니라 환경을 지배하는 사람이 되고자 함입니다. 환경은 경계로 보면 됩니다. 경계를 지배하는 사람이 되라는 말씀입니다. 마음공부로 마음의 힘이 생기면 나에게 어려움을 주던 역경과 난경들이 더 이상 역경과 난경이 아니게 됩니다.

III
온전

응용하는 데 **온전**한 생각으로 취사하기를 주의할 것이요

- 소태산, 상시응용 주의사항 1조 -

마음편지

고스란하다

'온전한 생각으로 취사하기'의 첫걸음은
온전함이죠.
'온전하다'는 말을 사전에서 찾았어요.
'본바탕 그대로 고스란하다.'라고
 풀이가 되었더군요.

본바탕 그대로… 고스란하다….

'고스란하다'는 말,
참 아름답습니다.
쉽게 잊혀 지지 않고
마음에서 자꾸 맴돌아요.

어디 물들지 않고, 상처 나지 않고,
타고난 마음 그대로 살아가는
고스란한 나날이 되기를 기원합니다.

아참!
두 번째 뜻풀이는
'잘못된 것이 없이 바르거나 옳다.'이더군요.

단상 - 01

온전한 마음이란
본바탕 그대로 고스란한 마음입니다.
셀 수 없는 내 마음들의 고향이 되는 마음이죠.
천 갈래 만 갈래로 조각나기 전의 마음이죠.
백 가지 천 가지 꽃이 피기 전의 묵묵한 땅과 같은 마음이죠.
원점이 되는 마음입니다.

돌아가서 쉴 곳이고,
내 잘못을 바로잡을 수 있는 곳이고,
새로운 출발을 준비할 수 있는 곳이죠.
온전한 마음은 가장 크고 깊은 마음입니다.

단상 - 02

자신에 대한 믿음이 있어야 합니다.
내게 진리가 있고, 온전함이 있습니다.
있으니까 찾을 수 있는 것 아닐까요.
이런 믿음이 진정한 자신감입니다.

이 자신감이 없이 마음공부를 하면
밑 빠진 독에 물 붓기가 되고 말죠.
이 자신감이 신앙과 수행의 출발점입니다.

단상 - 03

거울이 얼룩지고 흐려졌다고요?
거울이 얼룩 없이 맑다는 것을 안다는 말입니다.
마음도 마찬가지죠.

마음 거울에 때가 끼었다고 느낀다면?
마음 거울에 때가 없음을 알고 있다는 반증입니다.
맑으면 맑은 대로 흐리면 흐린 대로 마음 거울을 아는 것이
마음을 제대로 아는 것, 견성見性이죠.

때를 닦을지 말지는 각자의 마음에 달렸습니다.
마음이 온전하지 않음을 느낀다는 것은
온전한 마음을 깨닫고 있다고 말입니다.

온전함으로 돌아가기 위해서
수행을 할지 말지는 내 마음에 달렸습니다.

단상 - 04

회사후소繪事後素란 말이 있죠.
'바탕을 희게 한 다음에야 그림을 그릴 수 있다'는 뜻입니다.
공자님 말씀인데 대산 스승님이 자주 말씀하셨습니다.

정말 소중한 무언가를 그리고 싶다면
티 없이 깨끗한 바탕부터 마련해야 합니다.
온전한 마음이 아니면 온전함을 더 챙겨야 합니다.
그림 그리기보다 더 중요한 일이죠.

중용에 희노애락미발위지중喜怒哀樂未發謂之中
이란 가르침이 있죠.
모든 감정이 일어나기 전의 마음을 중中이라고 했습니다.
석가모니 부처님의 무無 자리와 같고
소태산의 원만구족한 마음, 온전한 마음과 닮았습니다.

단상 - 05

일단 멈춰야 합니다.

무엇을 멈추냐고요?
마음을 멈추라는 것입니다.
마음은 늘 어딘가로 가고 있습니다.
바쁜 사람이 어딘가로 달려가듯이….
그 마음을 멈추어야 합니다.

마음을 멈출 수 있으려면
마음을 늘 보고 있어야 합니다.
마음의 일거수 일투족을 보고 있어야 하죠.
마음의 행로를 환하게 꿰고 있어야 하죠.
마음은 슬쩍슬쩍 자취를 감추기 때문입니다.

잘 보고 있어야 합니다.
잘 보고 있는 마음이 온전한 마음에 가깝습니다.

단상 - 06

운동선수에게 체력은 기본이죠.
온전함, 온전한 마음은 수행자의 기본입니다.
기초 체력이 있어야 멋진 운동이 가능하듯이
온전함에 바탕해야 온·생·취 마음공부가 가능합니다.

'온전'함이 무너지면
'생각'이 무너져서 어리석어지고
'취사'가 무너져서 그른 길로 빠지게 됩니다.

기본은 정말 중요해서 기본이라고 한답니다.

2. 온전과 정신수양

온전의 의미

· 온전 : 평온할 온穩, 온전할 전全

  1. 본바탕 그대로 고스란하다.   2. 잘못된 것이 없이 바르거나 옳다.

  · 유의어 : 멀쩡하다, 성하다, 완전무결하다. 〈표준국어대사전〉

마음은 어떤 물건처럼 만질 수 있거나 눈에 보이는 것이 아니어서 온전한 마음을 제대로 설명하기가 쉽지 않습니다. 예컨대, 사과가 온전하다고 하면 사과가 썩거나 벌레 먹거나 하지 않고 제대로 성숙된 상태의 사과를 의미한다고 할 수 있죠. 교통사고가 났어도 어떤 사람이 다치지 않고 온전한 몸이라고 한다면 금세 그 의미를 파악할 수 있습니다.

   하지만 마음이 온전하다고 할 때는 온전의 의미를 파악하고 설명하기가 생각보다 쉽지 않습니다. 마치 건강한 마음을 설명해야 할 때, 건강의 개념과 마음의 개념을 동시에 설명해야 하는 일과 같습니다.

온·생·취 마음공부를 정신수양·사리연구·작업취사의 삼학에 대응시켜 본다면 온전-정신수양, 생각-사리연구, 취사-작업취사로 대입이 가능합니다. 이 삼학을 일상생활 속에서 동시動時에 하면 온·생·취 마음공부가 됩니다. 온전한 마음을 이해하려면 반드시 삼학의 한 축인 정신수양을 이해해야 합니다.

〈정전正典〉 - 정신수양

정신이라 함은 마음이 두렷하고 고요하여 분별성分別性**과 주착심**住着心**이 없는 경지를 이름이요,** 수양이라 함은 안으로 분별성과 주착심을 없이하며 밖으로 산란하게 하는 경계에 끌리지 아니하여 두렷하고 고요한 정신을 양성함을 이름이니라.

_ 정전, 정신수양의 요지

온전한 마음은 정신수양에서 말하는 정신과 같다고 할 수 있습니다. 천만 경계에 응할 때마다 마음이 두렷하고 고요한지 챙겨야 합니다. 그래야 생각을 지혜롭게 하고 취사를 바르게 하는 마음공부의 다음 단계로 나아갈 수 있습니다.

   단, 교리적으로 '분별성' 여부를 온전한 마음과 어떤 관계로 파악해야 할지는 논의의 여지를 남겨두고자 합니다. 바쁜 일상생활 속에서 '분별성'조차 없는 상태의 마음을 '온전한 마음'이라고 한다면 동시動時에 하는 온·생·취 마음공부를 너무 정시靜時 공부의 기준으로 해석하는 것 아니냐는 논란의 소지가 있을 수 있기 때문입니다.

욕심에 끌려가네

유정물有情物은 배우지 아니하되 근본적으로 알아지는 것과 하고자 하는 욕심이 있는데, 최령한 사람은 보고 듣고 배우고 하여 아는 것과 하고자 하는 것이 다른 동물의 몇 배 이상이 되므로, 그 아는 것과 하고자 하는 것을 취하자면 예의 염치와 공정한 법칙은 생각할 여유도 없이 자기에게 있는 권리와 기능과 무력을 다하여 욕심만 채우려 하다가, 결국은 가패 신망도 하며 번민 망상과 분심 초려로 자포 자기의 염세증도 나며 혹은 신경 쇠약자도 되며 혹은 실진자도 되며 혹은 극도에 들어가 자살하는 사람까지도 있게 되나니, 그런 고로 천지 만엽으로 벌여가는 이 욕심을 제거하고 온전한 정신을 얻어 자주력自主力을 양성하기 위하여 수양을 하자는 것이니라.

_ 정전, 정신수양의 목적

천만 경계에 응할 때마다 온전한 마음을 챙기지 않으면 정신의 자주력을 기르지 못합니다. 반대로 평소에 정신수양 공부에 정성을 다해서 정신의 자주력을 갖추지 못하고 있으면 천만경계에 응할 때 제대로 응할 수 없습니다. 그래서 소태산은 정기훈련과 상시훈련을 때에 맞게 하도록 한 것입니다. 운동선수가 전지훈련을 가서 오롯이 실력을 쌓은 다음 돌아와서 경기를 하고 평소 훈련을 할 때도 실력을 쌓아야 하는 것과 같습니다.

천만 경계에 끌려가지 않네

우리가 정신수양 공부를 오래오래 계속하면 정신이 철석 같이 견고하여, 천만 경계를 응용할 때에 마음에 자주自主의 힘이 생겨 결국 수양력修養力을 얻을 것이니라.

_ 정신수양의 결과

이 정도의 마음공부 실력을 갖추면 비로소 바쁜 일상 속에서도 온·생·취 마음공부를 제대로 할 수 있는 기본을 갖추는 것입니다. 동시動時와 정시靜時를 막론하고 상시훈련과 정기훈련에 공을 들여야 합니다.

운동선수가 기초체력을 끝없이 단련하고 기본 기술 훈련도 쉼없이 계속하면 보통사람이 할 수 없는 운동능력을 보여줄 수 있게 됩니다. 공부인들도 마찬가지입니다. 꾸준히 정신수양 공부에 공을 들이면 여러가지 복잡한 문제 상황, 역경·난경을 당했을 때도 무난하고 쉽게 이겨낼 수 있게 됩니다. 이런 까닭에 마음공부에 공을 들이는 것입니다.

마음의 힘이 부족하면 주변 상황의 지배를 받게 되지만 마음의 힘이 있으면 천만 경계를 지배할 수 있게 됩니다. 자신이 주인이 되는 것입니다. '자주自主의 힘'을 얻기 위해 정신수양을 하고 온전한 마음을 챙기는 것입니다.

3. 온전함을 기르는 방법

온전한 마음을 기르려면 소태산의 삼학 - 정신수양 · 사리연구 · 작업취사 중에서 정신수양에 공을 들여야 합니다.

정신수양을 한다

정신이라 함은 마음이 두렷하고 고요하여 분별성과 주착심이 없는 경지를 이름이요, 수양이라 함은 안으로 분별성과 주착심을 없이하며 밖으로 산란하게 하는 경계에 끌리지 아니하여 두렷하고 고요한 정신을 양성함을 이름이니라.

_ 정전, 정신수양의 요지

천지 만엽으로 벌여가는 이 욕심을 제거하고 **온전한 정신**을 얻어 **자주력**自主力을 양성하기 위하여 수양을 하자는 것이니라.

_ 정전, 정신수양의 목적

분별성과 주착심 비우기

온전한 마음을 기르기 위해서는 내면적으로는 마음에 분별성分別性과 주착심住着心을 없게 해야 합니다. 마음은 늘 좋다·싫다, 옳다·그르다, 이롭다·해롭다, 예쁘다·밉다 등으로 끝없이 분별을 합니다. 그리고 어느 한쪽에 마음이 기울고 거기에 마음이 머물고 집착하기 쉽습니다. 온전한 마음을 기르기 위해서는 이런 분별심이 나오는 원인이 되는 분별성부터 비워내야 합니다. 그래야 주착심으로부터 자유로울 수 있습니다. 온전한 마음은 무언가를 적극적으로 하기보다는 이렇게 소극적으로 비워내는 것이 우선입니다. 원래 우리 마음은 온전한 것이기 때문입니다.

경계 멀리하기

온전한 마음을 지키기 위해서는 외부의 경계로부터 마음을 지켜내야 합니다. 마음이 끌리기 쉬운 상황 속에서 온전한 마음을 지켜내는 것은 쉬운 일이 아닙니다. 술꾼이라면 술집을 비켜 가야 하는 것처럼 마음을 요란하고 어리석고 그르게 만드는 상황으로부터 벗어나야 합니다. 예컨대, 마음이 지친 사람들이 휴가를 가고, 산행을 하고, 혼자서 조용한 곳에 머무르는 행위는 온전한 마음을 지키고 기르기 위한 본능적인 행위라 할 수 있습니다. 경계 속에서도 마음이 끌려가지 않는 것도 중요하지만 먼저 마음을 산란하게 하는 경계를 멀리하는 공부부터 해야 합니다.

욕심 비우기

욕심을 비워내는 공부를 해야 합니다. 정신수양의 핵심 내용이고 온전한 마음을 기르기 위한 선결 과제입니다. 가장 힘이 센 욕심을 그대로 두고는 온전한 마음을 챙길 수 없고 온·생·취를 할 수도 없습니다. 공부인이라면 반드시 해결해야 할 근본적 숙제입니다. 물론 어떻게 비워야 하는가의 문제가 있지만 일단 욕심 비우기를 유념해야 합니다. 특별한 방법을 찾기보다는 온전한 마음을 기르는 다른 방법들을 실행하고 온·생·취 마음공부를 전체적으로 실행하다 보면 자연스럽게 욕심이 비워짐을 느낄 수 있습니다.

정기훈련을 한다

공부인에게 정기定期로 법의 훈련을 받게하기 위하여 정기훈련 과목으로 염불念佛·좌선坐禪·경전經典·강연講演·회화會話·의두疑頭·성리性理·정기일기定期日記·상시일기常時日記·주의注意·조행操行 등의 과목을 정하였나니, 염불·좌선은 정신수양 훈련 과목이요, 경전·강연·회화·의두·성리·정기일기는 사리연구 훈련 과목이요, 상시 일기·주의·조행은 작업취사 훈련 과목이니라.

_ 정전, 정기훈련법

정기훈련 참여하기

소태산의 훈련법은 정기훈련법과 상시훈련법으로 양분됩니다. 기한을 정하고 장소를 정해서 훈련원 등에서 전문적으로 하는 훈련이 정기훈련이라면 일상생활 속에서 마음을 챙겨서 하는 일상의 훈련은 상시훈련입니다. '교당 내왕시 주의사항' 4조를 보면 '매년 선기禪期에는 선비禪費를 미리 준비하여 가지고 선원에 입선하여 전문 공부하기를 주의할 것이요'라고 정기훈련을 하기 위한 준비 사항이 명시되어 있습니다.

　소태산이 얼마나 정기훈련을 중시했는지를 알 수 있죠. 일단 정기훈련에 참여하면 정신수양·사리연구·작업취사의 삼학을 골고루 수행할 수 있습니다. 훈련 내용이 삼학으로 구조화되어 있기 때문입니다. 그래서 정기훈련에 입선하는 것 자체로 삼대력 증진을 일정 수준 기대할 수 있습니다.

염불 훈련하기

〈정전〉 정기훈련법에는 "**염불**은 우리의 지정한 주문呪文 한 귀를 연하여 부르게 함이니, 이는 천지 만엽으로 흩어진 정신을 주문 한 귀에 집주하되 천념 만념을 오직 일념으로 만들기 위함이요." 라고 설명되어 있습니다. 그리고 〈정전〉 '염불법'을 보면 그 목적과 방법 그리고 효과까지 설명되어 있으니 참고하시기 바랍니다.

좌선 훈련하기

〈정전〉 정기훈련법에는 "**좌선**은 기운을 바르게 하고 마음을 지키기 위하여 마음과 기운을 단전丹田에 주住하되 한 생각이라는 주착도 없이 하여, 오직 원적무별圓寂無別한 진경에 그쳐 있도록 함이니, 이는 사람의 순연한 근본정신을 양성하는 방법이요." 라고 설명되어 있습니다. 염불과 마찬가지로 〈정전〉에 '좌선법'이 따로 설명되어 있습니다. 매우 구체적인 내용이 기술되어 있습니다. 반드시 실행해보면 좌선의 효과를 체험할 수 있습니다. 소태산 대종사와 같이 교조가 직접 상세하게 수행법을 설명한 사례를 찾기 힘듭니다. 풍부하고 체계적인 수행법을 꼭 참고하시기 바랍니다.

상시훈련을 한다

석반 후 살림에 대한 일이 있으면 다 마치고 잠자기 전 남은 시간이나 또는 새벽에 정신을 수양하기 위하여 염불과 좌선하기를 주의할 것이요.

_ 정전, 상시응용 주의사항 5조

틈틈이 염불과 좌선하기

깊은 산속이나 특정한 선방에서만 염불과 좌선을 한다는 생각은 소태산의 수행론과는 거리가 멉니다. 소태산은 일상생활 속에서 살림하고 직장생활 하는 보통 사람들이 틈틈이 수행하기를 염원합니다. 그래서 '상시응용 주의사항'의 모든 내용이 생활 밀착형 내용으로 구조화되었습니다.

정기훈련 기간에는 한 시간 두 시간씩 정신수양 시간을 가질 수 있지만, 상시훈련 기간에는 자투리 시간을 확보해서 짧은 시간이지만 정성스럽게 지속하는 수행법을 추천하고 있습니다. 출근길에 차를 타러 가면서도 마음속으로 염불을 할 수 있고, 차 시동을 걸면서 1분이라도 선을 할 수 있습니다. 사무실에서도 마음을 잘 챙기면 5분, 10분씩 좌선을 할 수 있습니다. 생활 속에서 온전한 마음을 지키고 기르려는 간절한 마음만 있다면 수양 시간을 확보할 수 있습니다. 그리고 실행을 하면 반드시 그 공덕과 효과를 체험할 수 있습니다.

동정간 수양력 얻는 법을 실행한다

공부인이 동動하고 정靜하는 두 사이에 수양력修養力 얻는 빠른 방법은, 첫째는 모든 일을 작용할 때에 나의 정신을 시끄럽게 하고 정신을 빼앗아 갈 일을 짓지 말며 또는 그와 같은 경계를 멀리할 것이요, 둘째는 모든 사물을 접응할 때에 애착 탐착을 두지 말며 항상 담담한 맛을 길들일 것이요, 세째는 이 일을 할 때에 저 일에 끌리지 말고 저 일을 할 때에 이 일에 끌리지 말아서 오직 그 일 그 일에 일심만 얻도록 할 것이요, 네째는 여가 있는 대로 염불과 좌선하기를 주의할 것이니라. ― 대종경, 수행품 2장

정신을 빼앗아 갈 경계 멀리하기

스스로 복잡한 상황을 만들고 있으면서 심란하다고 하는 사람은 어리석은 사람입니다. 온전한 마음을 기르기 전에 온전한 마음을 훼손하는 일부터 하지 말아야 합니다. 그리고 그런 경계가 있다면 거리를 두어야 합니다. 당연한 내용이지만 이를 실행하기가 쉽지 않습니다.

담담한 맛 길들이기

'너무 이쁘다', '좋아 죽겠다', '싫어 죽겠다' 같은 표현이 많습니다. 자극적인 음식에 길이 들면 건강을 해치듯이 자극적인 경계에 길이 들면 마음에도 병이 듭니다. 진한 사랑의 마음이 깊은 증오로 변하고, 강한 욕심은 깊은 허탈감 등으로 변하곤 합니다. 콜라, 사이다 보다 순수하게 맑은 물이 몸에 좋듯이 모든 경계에 담담한 마음을 길들이도록 마음을 챙겨야겠습니다.

그 일 그 일에 일심

수학 시간에 영어공부를 걱정하는 학생은 영어공부 시간에는 또 다른 생각을 하곤 해서 일심이 되기 힘들죠. 온전한 마음을 기르기 위해서는 생활 속에서 여러 가지 일을 할 때 그 일에만 집중하고 몰입해야 합니다. 그 일에 집중하고 몰입하는 데 방해되는 생각들은 잡념일 뿐입니다. 일심을 기준으로 일을 수행하다 보면 자신의 수양력 정도를 알 수 있습니다. 일을 당해서는 일심으로 일에 집중할 뿐 마음이 다른 곳으로 흐르지 않도록 마음을 챙겨야 합니다.

염불과 좌선하기는 이미 앞에서 설명했습니다. 다음의 내용도 참고하시기 바랍니다.

보통 사람들은 항상 조용히 앉아서 좌선하고 염불하고 경전이나 읽는 것만 공부로 알고 실지 생활에 단련하는 공부가 있는 것은 알지 못하나니, 어찌 내정정內定靜 외정정外定靜의 큰 공부 법을 알았다 하리오. 무릇, 큰 공부는 먼저 자성自性의 원리를 연구하여 원래 착着이 없는 그 자리를 알고 실생활에 나아가서는 착이 없는 행行을 하는 것이니, 이 길을 잡은 사람은 가히 날을 기약하고 큰 실력을 얻으리라. 공부하는 사람이 처지 처지를 따라 이 일을 할 때 저 일에 끌리지 아니하고, 저 일을 할 때 이 일에 끌리지 아니하면 곧 이것이 일심 공부요.

_ 대종경, 수행품 9장

사람에게는 항상 동과 정 두 때가 있고 정정定靜을 얻는 법도 외정정과 내정정의 두 가지 길이 있나니, **외정정**은 동하는 경계를 당할 때에 반드시 대의大義를 세우고 취사를 먼저 하여 망녕되고 번거한 일을 짓지 아니하는 것으로 정신을 요란하게 하는 마魔의 근원을 없이하는 것이요, **내정정**은 일이 없을 때에 염불과 좌선도 하며 기타 무슨 방법으로든지 일어나는 번뇌를 잠재우는 것으로 온전한 근본 정신을 양성하는 것이니, 외정정은 내정정의 근본이 되고 내정정은 외정정의 근본이 되어, 내와 외를 아울러 진행하여야만 참다운 마음의 안정을 얻게 되리라.

_ 대종경, 수행품 19장

소태산의 수행론은 한정된 시간과 공간에 국한되어 있던 수행을 일상 생활 전반으로 확산하고 제한 요소들로부터 해방시키고자 합니다. 목탁을 치며 소리내어 하는 염불에서 마음속으로 하는 염불로, 선방에서만 하는 줄 알았던 좌선을 생활 속에서 틈틈이 하는 좌선으로 생활화합니다. 더 나아가서 무시선無時禪 무처선無處禪으로 확산합니다.

   이런 수행론의 연장선에 온생취 마음공부도 있는 것입니다. 보통 사람들이 일상 속에서 천만 경계를 대할 때마다 삼학의 수행을 가장 효율적으로 하자는 목적입니다.

온전한 마음 챙기기 팁 TIP

일상생활 속에서 손쉽게 온전한 마음을 회복하기 위한 간단한 방법들을 생각해보았습니다. 유념해서 적절하게 활용하기를 권합니다.

잠 잘 자기

깊은 잠의 효능에 대해서는 많은 전문가들이 이미 밝혀놓았습니다. 인위적인 좌선, 명상, 몰입도 좋지만 깊은 잠을 충분히 자는 것은 온전한 마음 챙기기, '심신을 원만하게 수호하는 공부'에 기본이 됩니다. 누구나 할 수 있고, 누구나 이미 해온 자연적인 선이고 명상입니다. 꿈도 없는 깊은 잠이란 말처럼 깊은 잠을 잘 자면 새로운 생명력을 얻고, 깊은 휴식을 할 수 있습니다. 깊은 잠은 분별성과 주착심으로부터 벗어나고 마음을 산란하게 하는 경계로부터 자유로워질 수 있는 가장 손쉬운 천혜의 방법입니다.

몸의 긴장 풀기

몸과 마음은 둘이 아닙니다. 서로 긴밀하게 영향을 주고 받습니다. 몸이 굳으면 마음도 굳기 쉽습니다. 머리로 '긴장을 풀어야지'라고 하기보다는 기지개를 켜고, 스트레칭을 하고 간단한 요가 동작을 하면 몸이 풀어지면서 마음도 풀어집니다. 틈틈이 몸의 긴장을 푸는 좋은 습관을 들이면 마음공부에 큰 도움이 됩니다.

기운 내리기

정신 노동을 많이 하고, 감정을 과하게 쓰면 기운이 오릅니다. 건강상이나 수행상으로 수승화강水昇火降이 되어야 좋습니다. 서늘한 물기운은 위로 가서 머리가 시원해야 하고 따뜻한 불의 기운은 내려가서 단전, 아랫배, 손과 발이 따뜻해야 좋습니다. '머리가 뜨끈뜨끈하다'는 말은 대표적인 상기증의 표현입니다. 평소에 산책이나 선보禪步, 가벼운 몸풀기, 기체조, 단전주선丹田住禪 등을 통해 기운을 다스리면 온전한 마음을 회복하는 데 도움이 됩니다.

호흡을 깊고 부드럽게

마음이 거칠면 호흡도 거칠어지고 마음에 여유가 없으면 숨고 얕고 빨라집니다. 기운도 머리쪽으로 올라갑니다. 분노하거나 격한 감정에 휩싸일 때 호흡을 보면 알 수 있습니다. 수행자라면 늘 자신의 호흡을 관찰해야 합니다. 일상생활 속에서 늘 호흡을 관찰하면서 자연스럽고 깊고 부드러운 숨쉬기를 챙기면 좋습니다.

표정을 편안하게

마음은 표정에 잘 나타납니다. 굳은 표정은 마음의 긴장을 나타내고 웃는 표정은 즐거운 마음을 드러냅니다. 반대로 얼굴에 나타난 긴장을 풀면 마음도 따라서 풀어지곤 합니다. 어려운 상황에 처했을 때도 여유로운 표정을 유념하면 마음도 여유롭게 되고 그 마음으로 인해 여유로운 취사를 해서 상황이 호전될 수 있습니다. 자신의 표정을 잘 살피는 것도 자신의 마음을 보는 요령 중 하나입니다. 경계를 당해서 몹시 화난 표정이나 굳은 표정, 슬픈 표정을 짓고 있다면 표정과 함께 마음도 좀 더 깊이 살펴보아야 합니다. 편안하고 온화한 표정일 때 마음도 온전한 마음에 가깝다고 할 수 있습니다.

말을 부드럽고 여유있게

생활이 바쁠수록 말도 빨라집니다. 여유를 잃고 빨라지는 말들은 점점 각박해지다가 자칫 상처를 주는 흉기가 되기도 합니다. 일을 하다보면 감정의 표현도 생략되기 쉽습니다. 어떤 말을 주고받는지를 유심히 보면 많은 깨달음을 얻을 수 있습니다. 어떻게 말을 해야 할지 실마리를 얻을 수 있습니다. 말은 마음을 담는 그릇입니다. 여유롭고 부드러운 말로 내 삶도 그렇게 만들 수 있습니다. 서로를 품어주는 여유롭고 부드러운 상생의 말은 온전한 마음을 챙기는 데 큰 도움이 됩니다.

지금 여기 집중하기

살다 보면 내 마음이 다른 일, 다른 곳에 가 있는 경우가 많습니다. 온·생·취를 '일심, 알음알이, 실행' 공부라고 표현할 때의 일심이란 그 일 그 일에 집중하는 마음 상태를 의미합니다. 복잡한 일을 하다가도 응해야 할 경계를 만났다면 거기에 주의를 집중할 수 있어야 합니다. 마음을 잘 챙겨서 '지금', '여기'에 집중하다 보면 그 안에서 깊은 즐거움을 만나게 됩니다. 내 삶을 고양 시켜주는 이 즐거움은 더 깊어지고 더 촘촘해지고 더 넓어집니다. 행복에 대한 갈증도 쉬게 됩니다.

선禪 하기

결국은 선을 해야 합니다. 선을 배워서 틈틈이 공들이면 생활 자체가 선으로 되는 경지로 나아갑니다. 온전한 마음을 챙기는 것 자체를 선이라고 해도 됩니다. 소태산의 좌선법, 무시선법 등을 참고하시기 바랍니다.

은혜에 감사하기

세상 만물을 은혜로 인식하고 감사하는 마음가짐은 매우 소중합니다. 천만 경계를 응할 때마다 은혜를 발견하고 감사할 수 있다면 온전한 마음을 챙기는 데 큰 도움이 됩니다. 원망하는 마음을 비우는 데 효과적입니다. 감사일기를 꾸준히 쓰고 '감사합니다'라는 표현을 습관화하면 마음이 평화로워지고 온전해짐을 느낄 수 있습니다.

 소태산은 '없어서는 살 수 없는' 관계로 맺어진 은혜를 깊이 느끼고 감사하며 보은하는 삶을 신앙생활로 제시했습니다. 무한한 은혜를 느끼다 보면 '작은 나'에서 벗어나 세상과 하나 되는 '큰 나'를 느낄 수 있습니다. 작은 것에 집착하던 마음에서 벗어나 나 자신과 나를 둘러싼 존재들의 실상에 다가갈 수 있습니다. 텅비어서 은혜를 가득 담을 수 있는 빈 그릇과 같은 온전한 마음으로 옮겨갈 수 있습니다.

4. 소태산의 '온전' 쓰임새

온전(정신수양)의 사례를 소태산의 언행을 담은 경전인 대종경에서 찾아보았습니다. 여러 쓰임새를 참고해서 생활 속에서 활용하기 바랍니다.

정신을 차리자

한 때에 대종사 법성法聖에서 배를 타시고 부안扶安 봉래정사로 오시는 도중, 뜻밖에 폭풍이 일어나 배가 크게 요동하매, 뱃사람과 승객들이 모두 정신을 잃고, 혹은 우는 사람도 있고, 토하는 사람도 있으며, 거꾸러지는 사람도 있어서, 배 안이 크게 소란하거늘, 대종사 태연 정색하시고 말씀하시기를 '사람이 아무리 죽을 경우를 당할지라도 정신을 수습하여, 옛날 지은 죄를 뉘우치고 앞 날의 선업을 맹세한다면, 천력天力을 빌어서 살 길이 열리기도 하나니, 여러 사람들은 **정신을 차리라.**' 하시니, 배에 탄 모든 사람이 다 그 위덕에 신뢰하여 마음을 겨우 진정하였던 바, 조금 후에 점점 바람이 자고 물결이 평온하여지거늘, 사람들이 모두 대종사의 그 태연 부동하신 태도와 자비 윤택하신 성체를 뵈옵고 흠앙함을 마지 아니하니라.

_ 대종경, 실시품 1장

폭풍우를 만난 배가 크게 요동치는 가운데 정신을 잃고 동요하는 사람이 많은 상황 속에서 소태산은 '태연 정색' 하시고 '정신을 수습할 것'을 당부하십니다. 목숨이 달린 위급한 상황, 큰 경계 속에서도 온전한 마음을 챙긴 대표적 사례로 꼽을 만합니다.

자식의 죽음 앞에서

대종사, 차자 광령이 병들매 집안 사람으로 하여금 힘을 다하여 간호하게 하시더니, 그가 요절하매 말씀하시기를 "오직 인사를 다할 따름이요, 마침내 인력으로 좌우하지 못할 것은 명이라." 하시고, 공사公事나 법설하심이 조금도 평시와 다르지 아니하시니라.

_ 대종경, 실시품 32장

친자식을 먼저 떠나 보낸 크나큰 슬픔을 온전한 마음으로 추스르고 공사에 전념하는 소태산 대종사의 모습을 볼 수 있습니다.

제자의 죽음 앞에서

이 동안이 열반하매 대종사 한참동안 묵념하신 후 눈물을 흘리시는지라 제자들이 "너무 상심하지 마옵소서." 하니, 대종사 말씀하시기를 "**마음까지 상하기야 하리요마는** 내 이 사람과 갈리면서 눈물을 아니 흘릴 수 없도다. 이 사람은 초창 당시에 나의 뜻을 전적으로 받들어 신앙 줄을 바로 잡았으며, 그 후 모든 공사를 할 때에도 직위에 조금도 계교가 없었나니라."

_ 대종경, 실시품 33장

제자의 열반으로 슬픔에 빠진 소태산 대종사를 제자들이 걱정하여 위로하자 비록 슬픔을 표하지만 온전한 마음을 상하는 정도는 아님을 이야기하고 있습니다. 중도에 맞게 감정을 쓰되 중심을 잃지 않는 모습을 볼 수 있습니다.

두렷한 일심

양도신이 여쭙기를 "대종사께옵서 평시에 말씀하시기를, 이 일을 할 때 저 일에 끌리지 아니하며, 저 일을 할 때 이 일에 끌리지 아니하고, 언제든지 하는 그 일에 마음이 편안하고 온전해야 된다 하시므로, 저희들도 그와 같이 하기로 노력하옵던 바, 제가 이즈음에 바느질을 하면서 약을 달이게 되었사온데 온 정신을 바느질 하는 데 두었삽다가 약을 태워버린 일이 있사오니, 바느질을 하면서 약을 살피기로 하오면 이 일을 하면서 저 일에 끌리는 바가 될 것이옵고, 바느질만 하고 약을 불고하오면 약을 또 버리게 될 것이오니, 이런 경우에 어떻게 하는 것이 공부의 옳은 길이 되나이까." 대종사 말씀하시기를 "네가 그때 약을 달이고 바느질을 하게 되었으면 그 두 가지 일이 그때의 네 책임이니 성심 성의를 다하여 그 책임을 잘 지키는 것이 완전한 일심이요 참다운 공부니, 그 한 가지에만 정신이 뽑혀서 실수가 있었다면 그것은 **두렷한 일심**이 아니라 조각의 마음이며 부주의한 일이라, 그러므로 열 가지 일을 살피나 스무 가지 일을 살피나 자기의 책임 범위에서만 할 것 같으면 그것은 방심이 아니고 **온전한 마음**이며 동할 때 공부의 요긴한 방법이니라."

_ 대종경, 수행품 17장

일을 하면서 마음이 불편하거나 한 가지 일에만 마음을 쓰다가 나머지 맡은 일에는 부주의하는 것에 대한 정확한 답을 주고 있습니다. '두렷한 일심'이란 가르침은 모든 수행자들이 공부의 표준으로 삼을 만합니다.

끌리지 말라

송도성이 신문을 애독하여 신문을 받으면 보던 사무라도 그치고 읽으며, 급한 일이 있을 때에는 기사의 제목이라도 본 후에야 안심하고 사무에 착수하더니, 대종사 하루는 경계하시기를 "네가 소소한 신문 하나 보는 데에 그와 같이 정신을 빼앗기니 다른 일에도 혹 그러할까 근심되노라. 사람마다 각각 하고 싶은 일과 하기 싫은 일이 있는데 범부는 그 하고 싶은 일을 당하면 거기에 끌리어 온전하고 참된 정신을 잃어버리고, 그 하기 싫은 일을 당하면 거기에 끌리어 인생의 본분을 잃어버려서 정당한 공도公道를 밟지 못하고 번민과 고통을 스스로 취하나니, 이러한 사람은 결코 정신의 안정과 혜광慧光을 얻지 못하나니라. 내가 이러한 작은 일에 너를 경계하는 것은 너에게 정신이 끌리는 실상을 잡아 보이는 것이니, 너는 마땅히 그 **하고 싶은 데에도 끌리지 말고, 하기 싫은 데에도 끌리지 말고,** 항상 정당한 도리만 밟아 행하여, 능히 천만 경계를 응용하는 사람은 될지언정 천만 경계에 끌려 다니는 사람은 되지 말라. 그러하면 영원히 너의 참되고 떳떳한 본성을 여의지 아니하리라."
_ 대종경, 수행품 20장

온전한 마음을 잃게 되는 이유를 '하고 싶은 일'과 '하기 싫은 일'에 끌리는 마음에서 찾고 있습니다. 어떤 일이 문제가 아니라 그 일을 특히 '하고 싶어'

하거나 '하기 싫어' 하는 한 마음이 문제가 되는 것입니다. '하고 싶은 데에도 끌리지 말고', '하기 싫은 데에도 끌리지 말'아야 온전한 마음을 지킬 수 있습니다.

마음에 새겨 듣기
그대들이 법설이나 강연을 들을 때에는 반드시 큰 보화나 얻을 듯이 정신을 고누고 들어야 할 것이니, 법사法師나 강사講師가 아무리 유익한 말을 한다 하더라도 듣는 사람이 요령을 잡지 못하고 범연히 듣는다면 그 말이 다 실지 효과를 얻지 못하나니라. 그러므로 무슨 말을 듣든지 내 공부와 내 경계에 대조하여 온전한 정신으로 마음에 새겨 듣는다면 그 얻음이 많아지는 동시에 실지 행사에 자연 반조가 되어 예회의 공덕이 더욱 드러나게 되리라.
_ 대종경, 수행품 25장

법설이나 강연을 들을 때에 어떻게 해야 온전하게 듣는 것인지 구체적으로 설명하고 있습니다. 온생취란 결국은 육근을 사용하는 방법에 대한 가르침입니다. <정전>의 '일원상법어'를 참고하시기 바랍니다.

원래 온전하다
우리의 공부법은 난리 세상을 평정할 병법兵法이요, 그대들은 그 병법을 배우는 훈련생과 같다 하노니, 그 난리란 곧 세상 사람의 마음 나라에 끊임 없이 일어나는 난리라, **마음 나라는 원래 온전하고 평안하며 밝고 깨끗한 것이**나, 사욕의 마군을 따라 어둡고 탁해지며 복잡하고 요란해져서 한 없는 세상에 길이 평안할 날이 적으므로, 이와 같은 중생들의 생활하는 모양을 마음 난리라 한 것이요, 병법이라 함은 곧 우리의 마음 가운데 모든 마군을 항복받는 법이니 그 법은 바로 정정과 혜慧와 계戒를 닦으며, 법法과 마魔를 구분하는 우리의 수행 길이라, 이것이 곧 더할 수 없는 세계 정란靖亂의 큰 병법이니라.

_ 대종경, 수행품 58장

마음에 사욕이 없으면 우리 마음은 원래 온전하고, 평안하고, 밝고, 깨끗하다고 말씀하십니다. 원래의 마음을 아는 것이 견성이라고 할 수 있습니다. 천만 경계 속에서도 원래의 마음을 잃지 않도록 하는 것이 온·생·취 마음공부라고 하겠습니다.

최후 일념

정일성이 여쭙기를 "일생을 끝마칠 때에 최후의 일념을 어떻게 하오리까." 대종사 말씀하시기를 "온전한 생각으로 그치라." 또 여쭙기를 "죽었다가 다시 나는 경로가 어떠하나이까." 대종사 말씀하시기를 "잠자고 깨는 것과 같나니, 분별 없이 자 버리매 일성이가 어디로 간 것 같지마는 잠을 깨면 도로 그 일성이니, 어디로 가나 그 일성이인 한 물건이 저의 업을 따라 한 없이 다시 나고 다시 죽나니라."

_ 대종경, 천도품 12장

생을 마치고 죽음을 맞이하는 순간에도 챙겨야 할 마음을 말씀하십니다. 평소에 온전한 마음을 챙길 줄 알아야 죽음이라는 큰 경계 앞에서도 온전한 마음을 챙길 수 있을 것입니다.

이 밖에도 대종경에는 소태산의 심신작용과 가르침을 알 수 있는 내용이 많습니다. 그 가운데서 '온전'한 마음과 관련된 내용도 매우 많습니다. 기회가 되는대로 대종경을 읽으면서 관련된 내용을 찾아보는 공부를 해보기를 권유합니다.

IV
생각

응용하는 데 온전한 **생각**으로 취사하기를 주의할 것이요

- 소태산, 상시응용 주의사항 1조 -

마음편지

생각

그것이 맞다고 생각해?
너는 나를 어떻게 생각해?
생각이라는 말은 참 많이 쓰입니다.
그런데 생각은 순수 우리말이라서
사전에는 한자가 나오지 않더군요.
가만히 생각해보니
날 생生, 깨달을 각覺 일 수도 있겠다 싶습니다.

그리고 그 깨달음의 내용 가운데
첫 번째는 인과因果라고 생각합니다.
어떤 일이나 경계를 만나면
그 원인과 심신작용의 결과를 생각해야죠.
어떤 상황에서 생각을 아무리 해도
원인도 모르겠고 앞으로의 결과도 알 수 없다면
좀 더 깊이 생각하고, 좀 더 끈기 있게 생각해야죠.

인과에 대한 깨달음을 얻지 못하면
'온전한 생각'을 못 한 것이고
아직 '취사'할 때는 아닌 것이죠.
더 깊이 생각할 때입니다.

단상 - 01

한 생각 잘 하면 행복의 길로 갈 수 있고
한 생각 잘못 하면 불행의 길로 갈 수 있죠.
한 생각이 참 소중하고 무섭습니다.

생각生覺을 나눠보았습니다.
사전에는 한자가 없지만
날 생生, 깨달을 각覺 같아 보입니다.
깨달음이 생김.
이왕 생각을 하면,
한 깨달음을 얻을 때까지 하면 좋겠습니다.

단상 - 02

맑은 햇빛은
있는지도 모르겠어요.
그저 만물을 잘 드러내 주기만 할 뿐.
빛을 잃어봐야 그 소중함을 알게 되듯
마음의 빛도 그런 것 같아요.

공空, 텅 비고
적寂, 고요하고
영靈, 신령스러운
지知, 알음알이

소리 없이 두루 비치는 햇살처럼
공적영지의 광명으로
투명하고 밝게 살면 좋겠어요.

단상 - 03

한 생각 뒤에는 무엇이 있을까요?
생각의 결과도 중요하지만
생각의 원인이 더 중요합니다.
생각 뒤에 돈이 있다면, 생각도 돈으로 가죠.
생각 뒤에 미움이 있다면, 생각도 미움으로 가죠.
생각 뒤에 사랑이 있다면, 생각도 사랑으로 가죠.
그리고 행동이 생각을 따라갑니다.
너무 뻔합니다.

어떤 고정관념이 한 생각 이전에 이미 있다면
온전한 마음이 아닙니다.
생각을 해봐야 그 결과가 뻔하기 때문입니다.
고정관념 따라 결과가 나오니까요.

한 생각 이전에는 아무것도 없어야 합니다.
공적空寂해야 영지靈知가 솟아납니다.

단상 - 04

생각을 잘 한다는 것은 무슨 뜻일까.
인과因果의 이치에 밝다는 것입니다.
원인原因과 거기에 따르는 결과結果를 잘 안다는 것이죠.
그 원인과 결과, 그 결과가 또 다른 원인이 되는
인과관계를 잘 아는 사람이 생각을 잘 하는 사람입니다.

바깥 세상, 물리의 세계에도
엄연한 인과의 이치가 작동하고 있고
안쪽 세상, 심리의 세계에도
소소영령한 인과의 이치가 살아 숨쉬고 있죠.

인과의 진리를 깨친 분을 부처님이라고 합니다.
그만큼 인과의 진리가 중요하다는 말이겠죠.

생각을 할 때는 반드시 인과의 이치를 유념해야 합니다.

단상 - 05

저 사람이 나에게 왜 저런 말을 할까?
저 사람이 나에게 왜 저런 행동을 할까?
그 원인을 알아야 합니다.
깊이 생각해야 합니다.
경계의 원인을 파악해야 거기 응할 수 있기 때문이죠.

한 행동이 초래할 결과를 생각해야 하고,
한마디 말이 가져올 결과도 생각해야 합니다.
그리고 무엇보다도
한 마음이 어떤 결과를 잉태하고 있는지
깊이 생각해야 합니다.

단상 - 06

초등학생의 생각이 다르고, 대학생의 생각이 다르죠.
자식들의 생각이 다르고, 부모의 생각이 다르죠.
범부의 생각이 다르고, 불보살의 생각이 다르죠.
다른 것이 당연합니다.
누구의 생각을 따라야 할지도 뻔하죠.

머리를 쥐어뜯는다고 지혜가 솟지는 않습니다.
답이 보이지 않으면
생각의 힘을 기르고 나서 다시 생각할 일입니다.
어떻게 하면 생각을 잘할 수 있는지도
잘 생각해봐야겠습니다.

2. 생각과 사리연구

생각의 의미

· 생각

1. 사물을 헤아리고 판단하는 작용

2. 어떤 사람이나 일 따위에 대한 기억

3. 어떤 일을 하고 싶어하거나 관심을 가짐. 또는 그런 일

　유의어 : 각오, 바람, 센스 〈표준국어대사전〉

세 가지 사전적 의미 중에서 온·생·취 마음공부를 하는 데는 주로 '사물을 헤아리고 판단하는 작용'으로서의 '생각'의 의미가 주로 쓰입니다. 하지만, 온·생·취에서의 생각의 내용은 단순히 사전적 의미의 생각이 아니라 소태산 마음공부의 핵심인 삼학-정신수양·사리연구·작업취사의 '사리연구'에 관한 내용을 의미한다고 보아야 합니다.

삼학은 정신수양, 사리연구, 작업취사입니다. 이 삼학을 일상생활 속에서, 동시動時에 하면 온·생·취 마음공부가 됩니다. 따라서 '생각'이란 간단한 표현에 담긴 의미를 제대로 알려면 삼학 내용 중 '사리연구'의 의미를 살펴보아야 합니다.

〈정전正典〉 - 사리연구

사리연구의 요지

사事라 함은 인간의 시·비·이·해是非利害를 이름이요, 이理라 함은 곧 천조天造의 대소유무大小有無를 이름이니, 대大라 함은 우주 만유의 본체를 이름이요, 소小라 함은 만상이 형형 색색으로 구별되어 있음을 이름이요, 유무라 함은 천지의 춘·하·추·동 사시 순환과, 풍·운·우·로·상·설風雲雨露霜雪과 만물의 생·로·병·사와, 흥·망·성·쇠의 변태를 이름이며, 연구라 함은 사리를 연마하고 궁구함을 이름이니라.

_ 정전, 사리연구의 요지

* 천조天造 : 하늘의 조화라는 뜻, 사물이 공교롭게 잘되었음을 이르는 말. 〈원불교대사전〉

사리연구의 목적

이 세상은 대소유무의 이치로써 건설되고 시비 이해의 일로써 운전해 가나니, 세상이 넓은 만큼 이치의 종류도 수가 없고, 인간이 많은 만큼 일의 종류도 한이 없나니라.
_ 정전, 사리연구의 목적

우주의 이치는 정해져 있습니다. 사과 한 알이 떨어져도 거기엔 엄연한 이치가 작동하고 있습니다. 시비는 인간의 영역입니다. 사람마다 시비의 기준이 다르니 그에 따른 결과는 각자의 몫입니다.

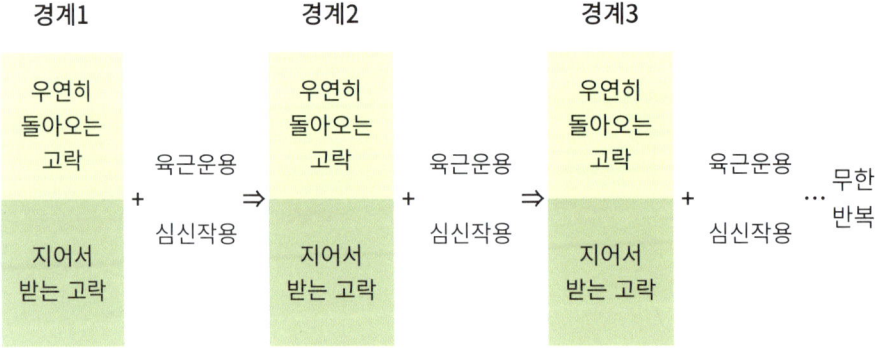

그러나, 우리에게 우연히 돌아오는 고락이나 우리가 지어서 받는 고락은 각자의 육근六根을 운용하여 일을 짓는 결과이니,　　_ 정전, 사리연구의 목적

'각자의 육근을 운용'한다는 것을 다른 말로 '심신작용'이라고 합니다. 천만 경계에 응해서 심신작용한 결과를 고苦와 락樂으로 받게 됩니다. '지어서 받는 고락'은 그 원인을 아는 경우이고 '우연히 돌아오는 고락'은 그 원인을 잘 알 수 없는 경우라고 할 수 있습니다. 하지만 소태산은 그것 역시 깊이 보면 '각자의 육근을 운용하여 일을 짓는 결과' 즉 경계에 따라 심신작용을 한 결과라고 보고 있습니다. 온·생·취 마음공부가 필요한 이유입니다.

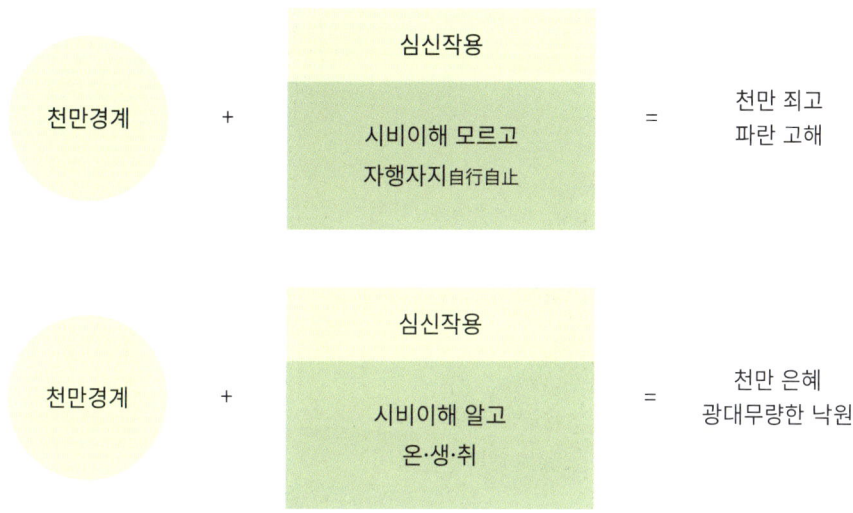

우리가 일의 시·비·이·해를 모르고 자행자지한다면 찰나찰나로 육근을 동작하는 바가 모두 죄고로 화하여 전정 고해가 한이 없을 것이요,

_ 정전, 사리연구의 목적

시비이해를 모르고 심신작용을 하면 그 결과는 고해일 것이고, 시비이해를 잘 판단하려면 대소유무의 이치를 잘 알아야 합니다. 지혜로운 생각, 사리연구가 필요한 이유입니다.

출처: 이제석 광고연구소, www.jesi.org

이치의 대소유무를 모르고 산다면 우연히 돌아오는 고락의 원인을 모를 것이며, 생각이 단촉하고 마음이 편협하여 생·로·병·사와 인과보응의 이치를 모를 것이며, 사실과 허위를 분간하지 못하여 항상 허망하고 요행한 데 떨어져, 결국은 패가망신의 지경에 이르게 될지니,

_ 정전, 사리연구의 목적

'단촉短促'은 길이가 짧고 시간이 촉박함을 의미합니다. 생각이 짧고 멀리 내다보지 못하면 그 결과가 얼마나 고통스러운지에 대해 깨우쳐주는 내용입니다. 결국 인과보응의 이치를 깨달을 수 있는 생각의 힘을 길러야 합니다.

우리는 천조의 난측한 이치와 인간의 다단한 일을 미리 연구하였다가 실생활에 다달아 밝게 분석하고 빠르게 판단하여 알자는 것이니라.

_ 정전, 사리연구의 목적

일이 많을수록, 천만 경계에 응해야 할수록 밝은 분석과 빠른 판단이 필요합니다. 온생취의 '생각'은 밝은 분석과 빠른 판단을 의미합니다. 그래야 심신작용을 잘 할 수 있습니다.

```
                    지혜의 힘 · 연구력
                          ↑
          천만사리·천만사리 + 천만생각 = 큰 지혜
                          ↑
                   ⋮    ⋮    ⋮    ⋮
              경계1 · 사리 + 생각 = 작은지혜
              경계2 · 사리 + 생각 = 작은지혜
              경계3 · 사리 + 생각 = 작은지혜
```

우리가 사리연구 공부를 오래오래 계속하면, 천만 사리를 분석하고 판단하는 데 걸림 없이 아는 지혜의 힘이 생겨 결국 연구력을 얻을 것이니라.

_ 정전, 사리연구의 결과

연구력, 생각하는 힘을 키우기 위해서 미리 공부하고 훈련을 해야 합니다. 그리고 일상생활 속에서 천만경계에 응해서 심신작용을 할 때마다 온·생·취를 반복하면 연구력을 얻을 수 있습니다. 경계가 단순히 처리해야 할 문제 상황이 아니라 연구력을 키우고 지혜의 힘을 쌓을 수 있는 공부 거리가 되어야 합니다. 공부와 일이 둘이 아니고 수행과 생활이 둘이 아닙니다. 문제의 해답이 나오고, 번뇌 즉 보리이고, 경계에서 깨달음이 나옵니다.

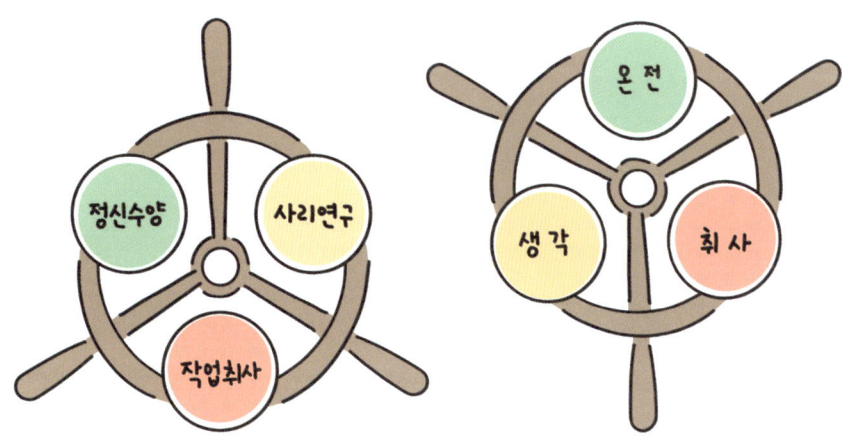

3. 생각의 힘을 기르는 방법

생각의 힘을 기르려면 소태산 대종사의 삼학 - 정신수양·사리연구·작업취사 중에서 사리연구에 공을 들여야 합니다.

사리연구를 한다

우리에게 우연히 돌아오는 고락이나 우리가 지어서 받는 고락은 각자의 육근(六根)을 운용하여 일을 짓는 결과이니, 우리가 일의 시·비·이·해를 모르고 자행 자지한다면 찰나찰나로 육근을 동작하는 바가 모두 죄고로 화하여 전정 고해가 한이 없을 것이요, 이치의 대소유무를 모르고 산다면 우연히 돌아오는 고락의 원인을 모를 것이며, 생각이 단촉하고 마음이 편협하여 생·로·병·사와 인과 보응의 이치를 모를 것이며, 사실과 허위를 분간하지 못하여 항상 허망하고 요행한 데 떨어져, 결국은 패가 망신의 지경에 이르게 될지니, 우리는 **천조의 난측한 이치와 인간의 다단한 일을 미리 연구**하였다가 실생활에 다달아 밝게 분석하고 빠르게 판단하여 알자는 것이니라.

_ 정전, 사리연구의 목적

미리 연구하기

알 수 없는 경계를 당하기도 하고 우연한 고통에 직면할 수도 있는 것이 인생입니다. 평소에 '천조의 난측한 이치와 인간의 다단한 일'에 대해 미리 연구하는 자세가 필요합니다. 미리 연구해서 지혜의 힘을 얻지 못하면 일을 당해서 어리석은 판단을 할 수밖에 없습니다. 평소에 '미리' 연구 공부를 해야 합니다.

정기훈련을 한다

공부인에게 정기定期로 법의 훈련을 받게 하기 위하여 정기 훈련 과목으로 염불念佛·좌선坐禪·경전經典·강연講演·회화會話·의두疑頭·성리性理·정기일기定期日記·상시 일기常時日記·주의注意·조행操行 등의 과목을 정하였나니, 염불·좌선은 정신 수양 훈련 과목이요, 경전·강연·회화·의두·성리·정기일기는 사리연구 훈련 과목이요, 상시일기·주의·조행은 작업 취사 훈련 과목이니라.

_ 정전, 정기훈련법

정기훈련 참여하기
앞에서 언급했기 때문에 구체적인 설명은 생략합니다.

경전 훈련하기
〈정전〉 '정기훈련법'에는 "**경전**은 우리의 지정 교서와 참고 경전 등을 이름이니, 이는 공부인으로 하여금 그 공부하는 방향로를 알게 하기 위함이요."라고 설명되어 있습니다. 경전을 읽거나 쓰는 기본적인 훈련부터 경전 이해를 위한 다양한 방법들을 활용해서 지혜를 얻도록 합니다.

강연 훈련하기
〈정전〉 '정기훈련법'에는 "**강연**은 사리 간에 어떠한 문제를 정하고 그 의지를 해석시킴이니, 이는 공부인으로 하여금 대중의 앞에서 격格을 갖추어 그 지견을 교환하며 혜두慧頭를 단련시키기 위함이요."라고 설명되어 있습니다. 특정 주제를 연마한 다음에 대중 앞에서 발표를 하면 그동안 공부했던 것이 명료해지고, 혼자서 하는 것과는 달리 큰 성과를 얻을 수 있습니다. 방법의 차이가 의외로 큰 차이를 가져옵니다.

회화 훈련하기
〈정전〉 '정기훈련법'에는 "**회화**는 각자의 보고 들은 가운데 스스로 느낀 바를 자유로이 말하게 함이니, 이는 공부인에게 구속 없고 활발하게 의견을 교환하며 혜두를 단련시키기 위함이요."라고 설명되어 있습니다. 단순히 경전을 혼자서 읽는 공부가 아니라 여러 사람과 자유롭게 말하고 의견 교환하는 과정을 통해서 손쉽게 지혜를 얻을 수 있는 훈련입니다.

의두 훈련하기
〈정전〉 '정기훈련법'에는 "**의두**는 대소유무의 이치와 시비이해의 일이며 과거 불조의 화두話頭 중에서 의심나는 제목을 연구하여 감정을 얻게 하는 것이니, 이는 연구의 깊은 경지를 밟는 공부인에게 사리간 명확한 분석을 얻도록 함이요."라고 설명되어 있습니다. 불교의 간화선의 전통에 맥이 닿는 훈련법이지만 의두의 내용은 화두보다도 훨씬 다양하고 범위가 넓습니다. 특히 이치에 관한 의문뿐 아니라 일에 대한 의문도 포함이 되기 때문에 매우 실질적인 마음공부를 할 수 있습니다.

성리 훈련하기
〈정전〉 '정기훈련법'에는 "**성리**는 우주 만유의 본래 이치와 우리의 자성 원리를 해결하여 알자 함이요."라고 설명되어 있습니다. 유교의 성리학이 떠오르는 대목입니다. 의두 훈련이 간화선 쪽이라면 성리 훈련은 묵조선에 가깝다고도 할 수 있지만, 거기에 국한되지 않고 다양한 방법들을 활용할 수 있습니다.

정기일기 훈련하기

〈정전〉 '정기훈련법'에는 "**정기일기**는 당일의 작업 시간 수와 수입 지출과 심신 작용의 처리건과 감각感覺 감상感想을 기재시킴이요."라고 설명되어 있습니다. 이와 관련해서는 소태산 재세시 제자들과 함께 했던 많은 자료와 사례가 있습니다. 깨달음과 느낌의 기재를 함으로써 지혜의 힘을 기르려는 훈련법입니다. 실제로 꾸준히 정기일기를 기재하면 그 효과를 체험할 수 있습니다.

소태산은 정기훈련 11가지 과목과 상시훈련 12가지 조목을 밝혔습니다. 이 훈련 과목 가운데 사리연구 과목들을 집중적으로 훈련하면 생각의 힘을 기를 수 있습니다. 정기훈련 과목은 정기훈련 기간 동안에만 한다고 생각하지 말고 평소 상시훈련 기간에도 할 수 있으면 해야 합니다. 정기와 상시의 개념은 상대적이고 주관적인 것이기도 하기 때문입니다.

상시훈련법 – '상시응용 주의사항'을 실행한다

공부인에게 상시로 수행을 훈련시키기 위하여 '상시응용 주의사항' 6조와 '교당내왕시 주의사항' 6조를 정하였나니라.

1. 응용應用하는 데 온전한 생각으로 취사하기를 주의할 것이요,
2. 응용하기 전에 응용의 형세를 보아 미리 연마하기를 주의할 것이요,
3. 노는 시간이 있고 보면 경전·법규 연습하기를 주의할 것이요,
4. 경전·법규 연습하기를 대강 마친 사람은 의두 연마 하기를 주의할 것이요,
5. 석반 후 살림에 대한 일이 있으면 다 마치고 잠자기 전 남은 시간이나 또는 새벽에 정신을 수양하기 위하여 염불과 좌선하기를 주의할 것이요,
6. 모든 일을 처리한 뒤에 그 처리건을 생각하여 보되, 하자는 조목과 말자는 조목에 실행이 되었는가 못 되었는가 대조하기를 주의할 것이니라.

_ 정전, 상시응용 주의사항

여섯 조항 가운데 특히 2조, 3조, 4조는 사리연구 과목으로서 생각의 힘을 기르기 위한 내용입니다.

응용의 형세를 보아 미리 연마하기

겨울 준비를 봄에 씨를 뿌리면서 하는 것과 같습니다. 미리 무엇을 준비해야 하는지 유념해서 사리 간에 연구를 해야 천만 경계에 지혜로운 대응을 할 수 있습니다.

틈틈이 경전 법규 연습하기

'노느니 염불한다'는 옛말이 있습니다만, 실제로 시간을 내서 틈틈이 공부를 하기가 여간 어렵지 않습니다. 자투리 시간을 낭비하지 말고 지혜로워지기 위한 공부에 활용해야 합니다.

의두 연마하기

책을 보고 머리로 이해하는 것과 언어의 세계를 넘어선 깊은 이치를 깨닫는 것은 사뭇 다릅니다. 적절한 때 마음속으로 의두를 연마해서 깊은 지혜를 깨닫는 노력을 해야 합니다.

상시훈련법 – '교당내왕시 주의사항'을 실행한다

1. 상시응용 주의사항으로 공부하는 중 어느 때든지 교당에 오고 보면 그 지낸 일을 일일이 문답하는 데 주의할 것이요,
2. 어떠한 사항에 감각된 일이 있고 보면 그 감각된 바를 보고하여 지도인의 감정 얻기를 주의할 것이요,
3. 어떠한 사항에 특별히 의심나는 일이 있고 보면 그 의심된 바를 제출하여 지도인에게 해오解悟 얻기를 주의할 것이요,
4. 매년 선기禪期에는 선비禪費를 미리 준비하여 가지고 선원에 입선하여 전문 공부하기를 주의할 것이요,
5. 매 예회例會날에는 모든 일을 미리 처결하여 놓고 그 날은 교당에 와서 공부에만 전심하기를 주의할 것이요,
6. 교당에 다녀갈 때에는 어떠한 감각이 되었는지 어떠한 의심이 밝아졌는지 소득 유무를 반조返照하여 본 후에 반드시 실생활에 활용하기를 주의할 것이니라.

_ 정전, 교당내왕시 주의사항

교당내왕시 주의사항 6조의 모든 내용 역시 삼학을 위한 것이지만 특히 1조, 2조, 3조, 6조는 좁은 의미로 사리연구 공부를 위한 것이라고 볼 수 있습니다. '교당'은 단순히 특정한 물리적 공간으로 보기보다는 '지도인'이 있는 곳이라고 이해해도 될 것입니다. 예컨대, 자신을 지도해줄 사람이 없는 교당이라면 그 교당에서는 '교당내왕시 주의사항'을 실행하기 힘들기 때문입

니다. 교당에 대한 유연한 이해와 해석이 필요합니다.

지도인과 문답問答하는 훈련
1조는 우선 평소에 '상시응용 주의사항으로 공부하는' 것이 중요합니다. 마음공부를 평소에 하고 있어야 교당에 와서 지도인과 문답하고 감정을 얻고 해오를 얻을 수 있기 때문입니다. 소태산의 마음공부 관점에서 보면 일상생활 속 천만 경계가 공부거리입니다. 그래서 단순히 지낸 일에 관해 수다를 떨라는 것이 아닙니다. 삼학의 대중이 없다면, 온·생·취 하지 못하고 방심한 상태로 지낸다면 지도인을 만나서도 별로 이야기할 내용이 없게 됩니다. '일일이 문답'한다는 대목에 유념해야 합니다. 원문에는 '지도인'이 없지만 지도인이 전제된 것으로 봐도 무방할 듯합니다.

지도인의 감정鑑定 얻는 훈련
2조는 자신이 깨달은 바가 정확한 것인지 감정을 받는 공부입니다. 보석을 감정하고 운동선수가 지도자의 감정을 받는 것과 같습니다. 생활 속에서 깨달은 일과 이치에 관한 내용을 이야기하고 거기에 대한 평가를 수용하는 공부입니다. 이 공부를 계속해서 훈련 삼아 해야 합니다. 그 과정에서 생각의 힘, 지혜의 힘은 자연스럽게 길러집니다. 가장 좋은 방법은 정기일기의 감각감상 기재 내용을 지도인에게 보여주는 것입니다.

지도인에게 해오解悟 얻는 훈련
3조는 아직 깨닫지 못한 내용을 지도인에게 묻는 공부입니다. 물론 그 해결을 위해 상당한 노력을 기울인 다음에 타력이 꼭 필요한 때에 물어야겠습니다. 잘 묻는 것이야말로 큰 공부입니다.

소득 유무를 반조_{返照}해서 생활에 활용하는 훈련

6조는 반조하고 활용하는 훈련입니다. 한 일을 지내면 무언가를 얻어야 합니다. 배웠으면 무언가 의심이 해소되어야 하고 지혜가 밝아져야 합니다. 소득 유무를 반조하기 시작하면 배움의 자세도 달라집니다. 그리고 배우고 깨달은 것을 반드시 실생활에 활용하도록 노력해야 합니다. 활용하지 못하는 배움과 깨달음은 허망한 것일 수 있습니다. 마음공부는 실생활에 도움이 되는 실학이어야 합니다. 이런 과정의 반복 훈련은 공부인에게 생각의 힘을 키워주고 지혜를 얻게 해 줍니다.

동정간 연구력 얻는 빠른 방법

첫째는 인간 만사를 작용할 때에 그 일 그 일에 알음알이를 얻도록 힘쓸 것이요, 둘째는 스승이나 동지로 더불어 의견 교환하기를 힘쓸 것이요, 세째는 보고 듣고 생각하는 중에 의심나는 곳이 생기면 연구하는 순서를 따라 그 의심을 해결하도록 힘쓸 것이요, 네째는 우리의 경전 연습하기를 힘쓸 것이요, 다섯째는 우리의 경전 연습을 다 마친 뒤에는 과거 모든 도학가道學家의 경전을 참고하여 지견을 넓힐 것이니라.

_ 대종경, 수행품 2장

앞서 인용하고 설명한 내용과 겹치는 부분이 많아서 설명을 생략합니다. 다음 두 가지만 간단히 설명합니다.

그 일 그 일에 알음알이 얻기
소태산은 특정한 경전을 읽고 특별한 수행을 해야 연구력이 증진되고 지혜를 얻는다고 생각하지 않습니다. 가장 큰 마음공부는 일상생활 속에서 진행되어야 한다는 것이 그의 주된 관점입니다. 생각의 힘을 얻는 것도 마찬가지입니다. 인간 만사에서 지혜를 얻어야 하고 그 일 그 일에서 알음알이를 얻기를 주의해야 합니다. 하나의 일을 경험하면 하나의 알음알이를 얻어야 합니다. 단번에 대각을 얻으려는 자세는 소태산이 원하는 바가 아닙니다. 끊임없는 알음알이의 축적이 소중합니다. 큰 깨달음은 작은 깨달음의 집적의 결과인 것입니다. 이런 관점으로 일을 한다면 그 일은 단순히 일이 아니라 수행이고 깨달음의 과정인 것입니다. 일과 공부가 둘이 아닙니다.

모든 도학가의 경전 참고하기

소태산은 우리 경전에 국한된 공부를 말하지 않습니다. 우리 경전을 충분히 공부를 한 다음에는 모든 도학가의 경전, 즉 다른 종교의 경전도 참고하라고 말씀하십니다. '교법의 총설'에서 언급한 '모든 종교의 교지도 이를 통합 활용하여 광대하고 원만한 종교의 신자가 되자.'는 가르침을 구체적인 실천 방안으로 제시한 대목입니다.

알음알이 구하는 연구 공부

보통 사람들은 항상 조용히 앉아서 좌선하고 염불하고 경전이나 읽는 것만 공부로 알고 실지 생활에 단련하는 공부가 있는 것은 알지 못하나니, 어찌 내정정內定靜 외정정外定靜의 큰 공부 법을 알았다 하리요. 무릇, 큰 공부는 먼저 자성自性의 원리를 연구하여 원래 착著이 없는 그 자리를 알고 실생활에 나아가서는 착이 없는 행行을 하는 것이니, 이 길을 잡은 사람은 가히 날을 기약하고 큰 실력을 얻으리라. 공부하는 사람이 처지 처지를 따라 이 일을 할 때 저 일에 끌리지 아니하고, 저 일을 할 때 이 일에 끌리지 아니하면 곧 이것이 일심 공부요, 이 일을 할 때 알음알이를 구하여 순서 있게 하고, 저 일을 할 때 알음알이를 구하여 순서 있게 하면 곧 이것이 연구 공부요, 이 일을 할 때 불의에 끌리는 바가 없고, 저 일을 할 때 불의에 끌리는 바가 없게 되면 곧 이것이 취사 공부며, 한가한 때에는 염불과 좌선으로 일심에 전공도 하고 경전 연습으로 연구에 전공도 하여, 일이 있는 때나 일이 없는 때를 오직 간단 없이 공부로 계속한다면 저절로 정신에는 수양력이 쌓이고 사리에는 연구력이 얻어지고 작업에는 취사력이 생겨나리니,

_ 대종경, 수행품 9장

동시動時 삼학三學인 온·생·취 마음공부 가운데서도 특히 지혜로운 생각의 힘을 기르기 위해서는 일을 하면서 알음알이를 얻어야 한다는 내용이 제시되고 있습니다. 일이 바로 마음공부의 자료가 되는 셈입니다.

'생각'의 힘 기르기 팁 TIP

일상생활 속에서 생각의 힘, 연구력을 기르기 위한 몇 가지 손쉬운 방법들을 생각해보았습니다. 지극히 당연하고 상식적인 것 일 수 있지만 유념해서 적절하게 활용하기를 권합니다.

조용히 생각하기

마음을 고요히 하고 깊은 생각을 합니다. 선禪의 어원 가운데 정려靜慮 또는 명상冥想과 같다고 할 수 있습니다. 흔히 생각을 한다고 하면 머리 아프게 고민하는 것을 떠올리는 경우가 많습니다. 이런 식의 생각은 머리를 아프게 하고 건강을 상하게 합니다. 몸과 마음이 편안하고 고요한 상태에서 헌거롭게 생각을 하다 보면 지혜가 솟아납니다. 틈틈이 이런 조용한 사색의 시간을 갖도록 합니다.

독서하기

어떤 주제든지 관련 책자는 반드시 있습니다. 문제에 맞닥뜨려서 책을 읽는 것도 필요하지만 평소에 늘 관심 분야의 독서를 하면 생각하는 힘, 연구력을 얻을 수 있습니다. 관심 분야가 아니더라도 교양을 위해 다양한 독서를 하는 것도 필요합니다. 지혜로운 사람들은 늘 책을 가까이 합니다. 학생들만 독서를 하는 것이 아니라 평생 공부한다는 마음가짐으로 독서를 생활화해야 합니다.

관련 자료 검색하기

관련 자료 검색이 매우 쉬운 세상입니다. 온라인을 통해서 뭐든지 쉽게 검색할 수 있습니다. 관련 논문이나 자료 등을 찾아서 보면 생각의 폭이 넓어지곤 합니다. 다만, 온라인에서 손쉽게 찾을 수 있는 단편적인 자료에만 의존하다 보면 오히려 연구력이 저하될 수도 있습니다. 너무 손쉽게 얻을 수 있는 얕은 지식으로 지혜로운 생각을 대신하지 않도록 해야 합니다.

묻고 경청하기

우리 주변에는 지식이 많은 사람, 지혜가 많은 사람이 참 많습니다. 그리고 경험이 상당한 사람들도 많습니다. 그들에게 겸손하게 묻는 자세가 필요합니다. 그리고 경청해야 합니다. 자신의 말 만하고 경청에 소홀한 사람들은 지혜와 멀어지기 쉽습니다. 경청을 잘하면 상대방은 아낌없이 지혜를 나눠 줍니다. 잘 묻고 잘 듣는 사람이 되어야 합니다.

대화하기

정기훈련 11과목 가운데 '회화'라는 과목이 있습니다. 쉽게 말하자면 여럿이 모여서 이야기를 하는 것입니다. 자유롭고 활발하게 의견을 교환하다 보면 지혜를 얻게 됩니다. 누군가와 이야기를 하다 보면 반드시 새로운 생각을 하게 됩니다. 더구나 주변 사람 가운데 내 문제에 답을 가지고 있는 사람이 있을 수 있습니다. 의견 교환하기를 주저하지 말아야 합니다. 아주 쉽게 지혜를 구하고 연구력을 기를 수 있는 방법입니다.

일기쓰기

정기훈련 11과목의 정기일기에는 감각감상과 심신작용처리건이 있습니다. '감각감상'을 기재하면 대소유무의 이치가 밝아지고 '심신작용처리건'을 기재하면 시비이해의 일에 밝아집니다. 하루 생활 중에서 느끼고 깨달은 바를 일기로 적다 보면 새로운 지혜를 얻을 수 있습니다. 일과 이치에 대해 섬세하게 느끼고, 깊이 생각하게 됩니다. 읽고 듣고 말하기에 치우치지 않고 쓰기를 병행한다면 연구력을 기르는데 큰 도움이 될 것입니다.

의문을 품고 살기

쉬운 답을 구하는 데에 만족하지 말고 본질적인 의문을 가지고 살아갑니다. 지혜는 의문의 산물입니다. 물음이 없는데 어떻게 답이 있겠습니까. 소태산도 '의두'과목으로 공부할 것을 권하며 대표적인 의심 건 20가지를 〈정전〉 의두요목에서 제시했습니다. 오래전부터 내려온 간화선의 화두부터 자연현상에 대한 의문까지 다양한 내용들로 구성되어 있습니다. 참고하기 바랍니다. 물론 오랜 역사를 가진 화두도 좋지만 자신이 직면하는 온갖 문제들을 풀려는 노력을 쉬지 않는 것이 중요합니다.

4. 소태산의 '생각' 쓰임새

이치에 관한 깨달음

원기圓紀 원년 4월 28일(음 3월 26일)에 대종사大宗師 대각大覺을 이루시고 말씀하시기를 "만유가 한 체성이며 만법이 한 근원이로다. 이 가운데 생멸 없는 도道와 인과 보응되는 이치가 서로 바탕하여 한 두렷한 기틀을 지었도다."

_ 대종경, 서품 1장

이 원상圓相의 진리를 각覺하면 시방 삼계가 다 오가吾家의 소유인 줄을 알며, 또는 우주 만물이 이름은 각각 다르나 둘이 아닌 줄을 알며, 또는 제불·조사와 범부·중생의 성품인 줄을 알며, 또는 생·로·병·사의 이치가 춘·하·추·동과 같이 되는 줄을 알며, 인과 보응의 이치가 음양상승陰陽相勝과 같이 되는 줄을 알며, 또는 원만 구족한 것이며 지공 무사한 것인 줄을 알리로다.

_ 정전, 일원상법어

사리연구, 생각의 극치는 깨달음, 대각으로 결실을 맺습니다. 소태산의 깨달음의 내용을 참고하시기 바랍니다. 일원상법어는 곧 소태산 대종사의 깨달음의 내용과 경지를 나타내고 있습니다. 각자의 공부 정도를 대조해보면 얼마나 진리를 깨닫고 있는지 스스로 점검할 수 있어서 마음공부에 큰 도움이 됩니다.

대소 유무

대大를 나누어 삼라 만상 형형 색색의 소小를 만들 줄도 알고, 형형 색색으로 벌여 있는 소小를 한덩어리로 뭉쳐서 대大를 만들 줄도 아는 것이 성리의 체體를 완전히 아는 것이요, 또는 유를 무로 만들 줄도 알고 무를 유로 만들 줄도 알아서 천하의 모든 이치가 변하여도 변하지 않고 변하지 않는 중에 변하는 진리를 아는 것이 성리의 용用을 완전히 아는 것이라, 성리를 알았다는 사람으로서 대와 무는 대략 짐작하면서도 소와 유의 이치를 해득하지 못한 사람이 적지 아니하나니 어찌 완전한 성리를 깨쳤다 하리오.

_ 대종경, 성리품 27장

사리연구의 이치에 대한 법문입니다. 이치에 밝아지는 공부를 하는 데 참고하시기 바랍니다.

유무

일경日警 한 사람이 대종사의 명함을 함부로 부르는지라 오창건이 그 무례함에 분개하여 크게 꾸짖어 보내거늘, 대종사 말씀하시기를 "그 사람이 나를 아직 잘 알지 못하여 그러하거늘 크게 탓할 것이 무엇이리오. 사람을 교화하는 사람은 항상 심복으로 저편을 감화시키는 데 힘써야 하나니, 질 자리에

질 줄 알면 반드시 이길 날이 올 것이요, 이기지 아니할 자리에 이기면 반드시 지는 날이 오나니라."

_ 대종경, 실시품 9장

소태산의 용심법을 알 수 있는 내용입니다. 사람에 대한 평가나 상황에 대한 인식을 고정불변한 것으로 보지 않고 노력에 따라 변화할 수 있다고 보고 있습니다. 인과의 이치가 중요하다고 하는 이유를 알 수 있는 대목입니다. 개인이나 사회 국가 세계가 변화할 수 있다는 것이고 좋은 변화를 위해 노력하면 변화를 이끌어낼 수 있다는 이치가 유무의 이치라고 할 수 있습니다.

대소유무 시비이해
보라! 송규는 입문入門한 이래로 지금까지 혹은 총부 혹은 지방에서 임무에 노력하는 중 정식으로는 단 3개월 입선入禪도 못하였으나, 현재 그의 실력을 조사하여 본다면 정신의 수양력으로도 애착 탐착이 거의 떨어져서 희·로·애·락과 원·근·친·소에 끌리는 바가 드물고, 사리에 연구력으로도 **일에 대한 시비이해와 이치에 대한 대소유무**를 대체적으로 다 분석하고 작업에 취사력으로도 불의와 정의를 능히 분석하여 정의에 대한 실행이 십중팔구는 될 것이며, 사무에 바쁜 중에도 써 보낸 글들을 보면 진리도 깊으려니와 일반이 알기 쉬운 문체며 조리 강령이 분명하여 수정할 곳이 별로 없게 되었으니, 그는 오래지 아니하여 충분한 삼대력을 얻어 어디로 가든지 중인을 이익 주는 귀중한 인물이 될 것인 바, 이는 곧 동정 간에 끊임 없는 공부를 잘한 공덕이라, 그대들도 그와 같이 동정 일여動靜一如의 무시선無時禪 공부에 더욱 정진하여 원하는 삼대력을 충분히 얻을지어다.

_ 대종경, 수행품 9장

특별히 정기훈련, 입선을 하지 않고도 일 속에서 삼대력(수양력, 연구력, 취사력)을 얻은 정산 종사의 예가 설명되고 있습니다. 동정일여 무시선 공부와 맥을 함께 하는 동시 삼학, 온생취 마음공부에 참고가 되는 내용입니다.

시비
대종사 잠간이라도 방 안을 떠나실 때에는 문갑에 자물쇠를 채우시는지라, 한 제자 그 연유를 묻자오매, 말씀하시기를 "나의 처소에는 공부가 미숙한 남녀 노소와 외인들도 많이 출입하나니, 혹 견물 생심으로 죄를 지을까 하여 **미리 그 죄를 방지하는 일이니라.**"

_ 대종경, 실시품 17장

대종사 하루는 **한 제자를 크게 꾸짖으시더니** 조금 후에 그 제자가 다시 오매 바로 자비하신 성안으로 대하시는지라, 옆에 있던 다른 제자가 그 연유를 묻자오매, 대종사 말씀하시기를 "아까는 그가 끄리고 있는 사심邪心을 부수기 위하여 그러하였고, 이제는 그가 돌이킨 정심正心을 북돋기 위하여 이러하노라."

_ 대종경, 실시품 24장

대종사 대중에게 상벌을 시행하시되 그 근기에 따르시는 다섯 가지 준칙이 있으시니, 첫째는 모든 것을 다 잘하므로 따로이 상벌을 쓰지 아니하시는 근기요, 둘째는 다 잘하는 가운데 혹 잘못이 있으므로 조그마한 흠이라도 없게 하기 위하사 상은 놓고 벌만 내리시는 근기요, 셋째는 잘하는 것도 많고 잘 못하는 것도 많으므로 상벌을 겸용하시는 근기요, 넷째는 잘못 하는 것이 많은 가운데 혹 잘하는 것이 있으므로 자그마치 잘하는 것이라도 찾아서 그 마음을 살려 내기 위하사 벌은 놓고 상만 내리시는 근기요, 다섯째는 모든 것을 다 잘 못하므로 상벌을 놓아 버리고 당분간 관망하시는 근기니라.

_ 대종경, 실시품 38장

여기서는 제자들의 근기에 따라 상벌의 기준이 달라짐을 볼 수 있습니다. 상벌과 시비가 다르지만 시비의 기준 또한 근기에 따라 유연하게 적용해야 함을 알 수 있습니다.

이해

단원들이 방언 일을 진행할 때에 이웃 마을의 부호 한 사람이 이를 보고 곧 분쟁을 일으키어 자기도 간석지 개척원을 관청에 제출한 후 관계 당국에 자주 출입하여 장차 토지 소유권 문제에 걱정되는 바가 적지 아니한지라 단원들이 그를 깊이 미워하거늘, 대종사 말씀하시기를 "공사 중에 이러한 분쟁이 생긴 것은 하늘이 우리의 정성을 시험하심인 듯하니 그대들은 조금도 이에 끌리지 말고 또는 저 사람을 미워하고 원망하지도 말라. 사필귀정事必歸正이 이치의 당연함이어니와 혹 우리의 노력한 바가 저 사람의 소유로 된다 할지라도 우리에 있어서는 양심에 부끄러울 바가 없으며, 또는 우리의 본의가 항상 공중을 위하여 활동하기로 한 바인데 비록 처음 계획과 같이 널리 사용되지는 못하나 그 사람도 또한 중인 가운데 한 사람은 되는 것이며, 이 빈궁한 해변 주민들에게 상당한 논이 생기게 되었으니 또한 **대중에게 이익을 주는 일**도 되지 않는가. 이 때에 있어서 그대들은 자타의 관념을 초월하고 오직 공중을 위하는 본의로만 부지런히 힘쓴다면 일은 자연 바른 대로 해결되리라."

_ 대종경, 실시품 38장

시비이해是非利害 특히 이해득실에 관한 내용입니다. 소태산의 폭넓은 용심법을 볼 수 있습니다.

V
취사

응용하는 데 온전한 생각으로 **취사**하기를 주의할 것이요

- 소태산, 상시응용 주의사항 1조 -

마음편지

취사 取捨

생각을 해도 해도
답은 안 나오고 참 답답합니다.

그래도
마음이 답이다!
온전한 생각으로 취사하자! 하면서,
마음속으로 들어갑니다.

고민의 끝에서 꼭 마주치는 것.
'무엇을 버릴 것인가?'
'희생할 준비는 되었나?'
아주 간단한 물음입니다.

아무것도 버리지 않고
얻기만 하려는 어리석은 나를
정신 차리게 하는 아픈 물음이죠.

이 간단한 물음에
명쾌하게 답하고 싶습니다.
명쾌하게 살고 싶어서요.

단상 - 01

'작업作業'이라 함은
'무슨 일에나 안·이·비·설·신·의眼耳鼻舌身意 육근을 작용' 함을 이름입니다.

특별히 삽질을 해야만 작업 중인 것이 아니죠.
눈·귀·코·혀·몸·마음으로 뭔가 작용을 하면 작업인 것이죠.
모든 심신작용은 업을 짓는 일입니다.

지은대로 받는다 했으니
지금 내가 몸과 마음으로 짓는 것들이
업보가 되어 언젠가 나를 찾아올 것입니다.

단상 - 02

둘 중에 하나를 취한다는 것은
하나를 버리는 것과 같죠.
열 개 중에서 하나를 잡으면
아홉을 놓는 것입니다.
백 가지 가운데서 하나를 마음에 담으면
아흔아홉 가지를 마음에서 비우는 것이죠.

취할 줄만 아는 사람은
취사를 아는 사람이 아닙니다.
취取한다는 것은 무언가를 사捨한다는 것.
취하고 버림은 하나입니다.
취할 줄만 아는 사람은 어리석습니다.

모든 일을 일도양단 하는 것이
올바른 취사라는 게 아닙니다.
모두를 감싸고 하나도 버리지 않는 취사도 있죠.
물론 이 경우에도 나머지 선택은 버린 셈입니다.

단상 - 03

"정신을 수양하여 수양력을 얻었고
사리를 연구하여 연구력을 얻었다 하더라도,
실제 일을 작용하는 데 있어 실행을 하지 못하면
수양과 연구가 수포로 돌아갈 뿐이요."

온전한 생각을 아무리 잘했어도
실행, 취사가 없다면 그것들이 물거품이 된다는 말씀입니다.
물거품이라고까지 표현하신
소태산 스승님의 마음을 헤아려야겠습니다.

취사는 언제 할까요?
'실제 일을 작용하는 데' 해야 합니다.
실제로 일을 할 때 하는 공부입니다.
그야말로 실전에 사용하는 공부입니다.
더이상 실다울 수 없는 실학입니다.

단상 - 04

온전한 취사를 방해하는 것.
첫 번째는 '시비를 모르는 것'입니다.
옳고, 그름을 알아야 취사가 가능하죠.

두 번째는 '불같이 일어나는 욕심'입니다.
욕망의 불꽃을 제어하지 못하면
결국 모든 걸 태우고 나서야 꺼집니다.

세 번째는 '철석같이 굳은 습관'입니다.
습관대로 살려면 온·생·취는 필요 없죠.
온·생·취를 해야 습관을 이기면서 살 수 있습니다.

취사는 관념이 아닙니다.
취사는 실행입니다.
하면 한거고, 안하면 안한것.
그 결과는 행위자의 몫.

단상 - 05

고통과 불행을 피하고 싶죠.
그런데 왜 고통과 불행 속에 있을까요.
내 취사가 잘못되었기 때문이죠.
내 온·생·취 마음공부가 부실하기 때문입니다.
다른 이유는 없습니다.

취사 뒤에 남는 것,
'낙원'이어야 합니다.
소태산 스승님은 취사의 목적을 이렇게 말했죠.
'고해는 피하고 바라는 낙원을 맞아 오자.' 라고.

온·생·취의 끝에서 만나는 세상은
마음 꽃이 활짝 피고
은혜가 가득한 세상입니다.

단상 - 06

온·생·취 전에 있어야 할 것.
은혜가 먼저 있어야 합니다.
'없어서는 살 수 없는 관계'에 대한 자각이 있어야죠.
모든 존재에 대한 경외심이 있어야 합니다.
그 다음에 온·생·취 해도 늦지 않습니다.

온·생·취 후에 있어야 할 것.
은혜가 가득해야 합니다.
서로 감사하고 서로 보은해야 하죠.
온·생·취 하기 전보다 더 많은 은혜를 느껴야죠.
보은할 거리가 더 많아져야 맞습니다.

마음을 잘 쓰려면 온·생·취 해야 하고,
온·생·취를 하면 마음을 잘 쓸 수 있습니다.
하면 할수록 은혜로 충만해집니다.

2. 취사와 작업취사

취사의 의미

· 취사 : 취할 취取, 버릴 捨사

- 쓸 것은 쓰고 버릴 것은 버림

  유의어: 발췌, 선택, 취사선택 〈표준국어대사전〉

취사라는 말은 말 그대로 '취하고 버린다.'라는 뜻입니다. '취사取捨'라는 말 뒤에 선택選擇'이라는 말을 덧붙이면 취사라는 단어의 뜻이 더 선명해집니다. 무언가를 버리고 무언가를 골라 뽑아서 쓴다는 의미가 드러나기 때문입니다.

삼학은 정신수양, 사리연구, 작업취사입니다. 이 삼학을 일상생활 속에서, 동시動時에 하면 온·생·취 마음공부가 됩니다. 따라서 '취사'의 의미를 제대로 알려면 삼학 내용 중 '작업취사'의 의미를 살펴보아야 합니다.

〈정전 正典〉- 작업취사 作業取捨

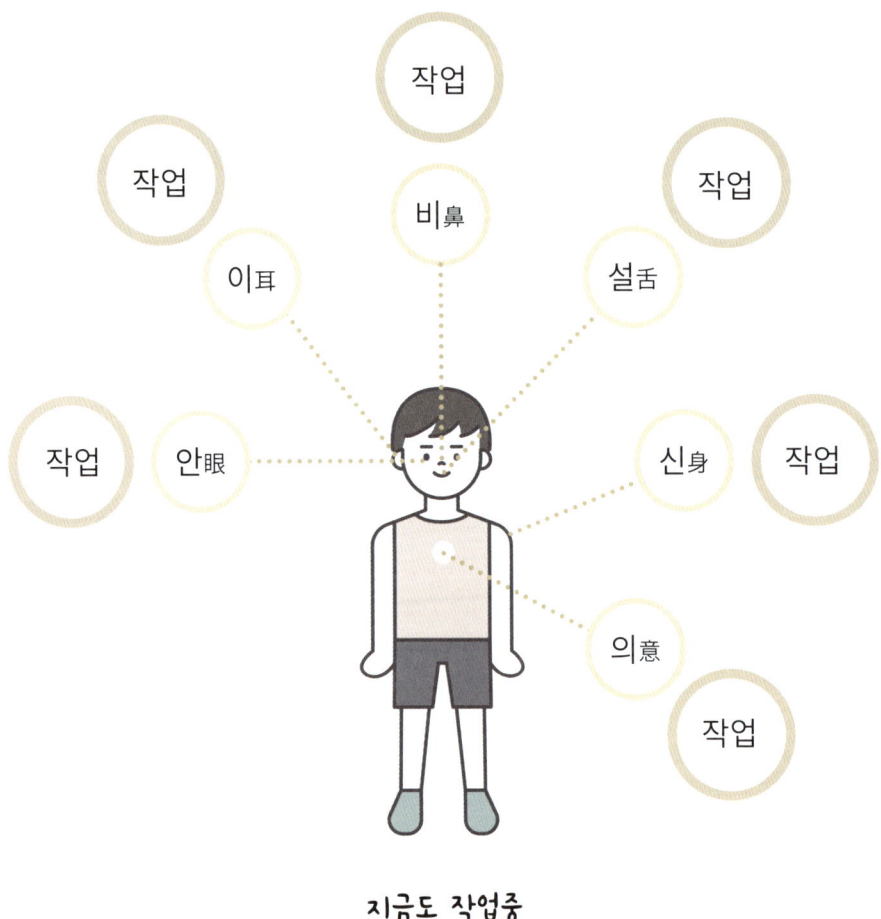

지금도 작업중

작업作業이라 함은 무슨 일에나 안·이·비·설·신·의眼耳鼻舌身意 육근을 작용함을 이름이요, 취사取捨라 함은 정의는 취하고 불의는 버림을 이름이니라.

_ 정전, 작업취사의 요지

아주 작은 행동 하나, 미세한 마음의 움직임 하나도 모두 업業을 짓습니다. 그 업은 내 마음 안에 쌓이고 누군가의 마음에도 쌓이고 세상에도 쌓입니다. 그리고 다시 내게 업보 業報로 돌아옵니다.

 소태산이 그토록 심신작용을 잘 하라고 강조한 이유입니다. 복받을 심신작용을 하면 인과의 이치에 따라 언젠가 복을 받을 것이고, 죄를 짓는 심신작용은 인과의 이치에 따라 호리도 틀림없이 벌罰을 받고 화禍를 당할 것입니다.

 흔히 마음공부나 수행을 괴로운 마음을 다스리고 심신의 안락함을 추구하는 것으로 받아들이는 경우가 있습니다. 이런 관점에서 보면 마음의 고통을 무릅쓰고 정의를 행하거나 불의를 행하지 않는 노력들이 마음공부나 수행과는 동떨어진 것으로 여길 수 있습니다. 취사를 잘못하면 마음의 요란함도 다스릴 수 없다는 것을 모르기 때문입니다. 또한 진정한 수행의 목적을 모르기 때문에 가질 수 있는 견해입니다. 개인의 수행이 개인에 그치지 않고 사회·국가·세계까지 영향을 미친다는 것을 유념할 필요가 있습니다.

꽃을 피웠으면 열매를 맺어야

정신을 수양하여 수양력을 얻었고 사리를 연구하여 연구력을 얻었다 하더라도, 실제 일을 작용하는 데 있어 실행을 하지 못하면 수양과 연구가 수포에 돌아갈 뿐이요 실효과를 얻기가 어렵나니, 예를 들면 줄기와 가지와 꽃과 잎은 좋은 나무에 결실이 없는 것과 같다 할 것이니라.

_ 정전, 작업취사의 목적

삼학이 하나인 이유입니다. 정신수양·사리연구·작업취사가 마음공부의 필수 요소이고 과정인 것입니다. 하나라도 빠지면 원만한 마음공부가 아닙니다. 특히 작업취사가 부족하면 정신수양과 사리연구에 들인 공이 수포로 돌아가버리고 맙니다. 안타까운 일입니다.

   삼학이란 세 가지 마음공부를 의미하지만, 그 자체가 절대적인 것이 아니라 마음공부의 방법을 세 가지로 설명한 것일 뿐입니다. 그래서 당연히 삼학을 병진해야만 온전한 결과를 얻을 수 있습니다. 삼학 중에서 한 가지 공부만 결핍되어도 원만한 마음공부는 아닌 것입니다.

   나무가 열매를 맺는 것이 아주 자연스러운 현상이듯이 마음공부의 결과는 작업취사로 나타나야 합니다.

낙원으로 가자

대범, 우리 인류가 선善이 좋은 줄은 알되 선을 행하지 못하며, 악惡이 그른 줄은 알되 악을 끊지 못하여 평탄한 낙원을 버리고 험악한 고해로 들어가는 까닭은 그 무엇인가. 그것은 일에 당하여 시비를 몰라서 실행이 없거나, 설사 시비는 안다 할지라도 **불 같이 일어나는 욕심**을 제어하지 못하거나, **철석 같이 굳은 습관**에 끌리거나 하여 악은 버리고 선은 취하는 실행이 없는 까닭이니, 우리는 정의어든 기어이 취하고 불의어든 기어이 버리는 실행 공부를 하여, 싫어하는 고해는 피하고 바라는 낙원을 맞아 오자는 것이니라.

_ 정전, 작업취사의 목적

온전한 마음을 챙기고 지혜로운 생각을 했다면 이제 남은 것은 취사, 실행뿐입니다. 그런데 왜 취사가 잘 되지 않아서 평탄한 낙원을 버리고 험악한 고해로 들어가는 것일까요. 좀 어렵고 복잡하게 보일 수 있었던 마음공부가 결론에 이르러서는 매우 단순해지고 있습니다.

   고해로 갈 것이냐, 낙원으로 갈 것이냐의 막다른 길에 다다른 것입니다. 특히 어떤 취사를 해야 하는지, 어떤 선택을 해야 하는지를 알면서도 잘못된 취사를 하는 것에 대해 소태산은 간단하고 명확한 처방을 주십니다.

   '불같이 일어나는 욕심'과 '철석같이 굳은 습관'입니다. 결국 마음공부의 종착점에서 직면하는 것은 자신과의 싸움입니다. 자신의 욕심과 습관을 극복하느냐 못하느냐의 문제로 귀결됩니다. 오직 실행이 남았을 뿐입니다.

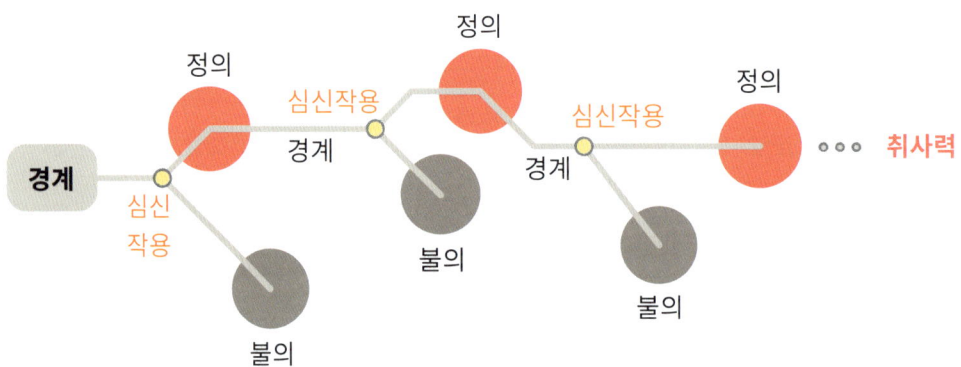

버리는 힘, 취하는 힘

우리가 작업취사 공부를 오래오래 계속하면, 모든 일을 응용할 때에 정의는 용맹 있게 취하고, 불의는 용맹 있게 버리는 실행의 힘을 얻어 결국 취사력을 얻을 것이니라.
_ 정전, 작업취사의 결과

버리려 해도 버려지지 않을 때가 많습니다. 버려야 한다는 것을 몰라서가 아니라, 버리는 힘이 모자라기 때문입니다. 취하는 힘도 마찬가지입니다. 바른 실행을 하고자 하나, 잘되지 않는 것은 실행의 힘이 부족하기 때문입니다.

   마음공부를 조금 하고 나서 잘 안 된다고 하는 사람들이 참 많습니다. 어린아이가 태어나서 걸음을 걷고 말 한마디를 하기까지의 과정을 생각해보면 알 수 있습니다. 한 사람의 운동선수가 박수를 받기까지 흘린 땀을 생각해보면 알 수 있습니다. 마음공부도 오래오래 해야 합니다. 끝없이 해야 하는 공부가 마음공부입니다.

3. '취사'의 힘을 기르는 방법

취사의 힘을 기르려면 소태산 대종사의 삼학 - 정신수양 · 사리연구 · 작업취사 중에서 작업취사에 공을 들여야 합니다.

작업취사

우리 인류가 선善이 좋은 줄은 알되 선을 행하지 못하며, 악이 그른 줄은 알되 악을 끊지 못하여 평탄한 낙원을 버리고 험악한 고해로 들어가는 까닭은 그 무엇인가. 그것은 일에 당하여 시비를 몰라서 실행이 없거나, 설사 시비는 안다 할지라도 불 같이 일어나는 욕심을 제어하지 못하거나, 철석같이 굳은 습관에 끌리거나 하여 악은 버리고 선은 취하는 실행이 없는 까닭이니, **우리는 정의어든 기어이 취하고 불의어든 기어이 버리는 실행 공부를 하여, 싫어하는 고해는 피하고 바라는 낙원을 맞아 오자는 것이니라.**

_ 정전, 작업취사의 목적

기어이 취하고 기어이 버리는 훈련

작업취사의 단계로 오면 오직 '실행' 여부만 남습니다. 마음가짐만으로는 할 수 없다고 봐도 무방합니다. 정신수양과 사리연구 단계를 거쳤다면 정의라면 기어이 취하고 불의라면 기어이 버리는 실행만이 남은 것입니다. 마음의 힘이 실행의 힘으로 바뀌는 순간입니다. 마음이 행동으로 행동이 습관으로, 습관이 인격으로 바뀌기 시작하는 순간입니다. 강한 결단이 필요할 뿐입니다.

정기훈련법

공부인에게 정기定期로 법의 훈련을 받게 하기 위하여 정기 훈련 과목으로 염불念佛·좌선坐禪·경전經典·강연講演·회화會話·의두疑頭·성리性理·정기일기定期日記·상시일기常時日記·주의注意·조행操行 등의 과목을 정하였나니, 염불·좌선은 정신수양 훈련 과목이요, 경전·강연·회화·의두·성리·정기 일기는 사리 연구 훈련 과목이요, 상시 일기·주의·조행은 작업취사 훈련 과목이니라.

_ 정전, 정기훈련법

상시일기 훈련하기

전문적으로 선원에 입선해서 쓰는 것이 정기일기라면 평소에 상시로 쓰는 일기가 상시일기입니다. 소태산은 〈정전〉 '일기법'에서 '상시일기법'에 대한 자세한 설명을 하고 있습니다. 유념·무념 처리건과 학습 상황, 계문의 범과 유무를 대조하도록 해놓았고 문자를 잘 모르는 이들을 위해서 하얀콩과 검은콩으로 유념·무념을 대조하도록 하는 태조사법太調査法까지 설명하고 있습니다. 〈정전〉의 원문을 반드시 참고하기 바랍니다. 특히 상시일기의 핵심은 유무념 공부라고 할 수 있으니 유무념 공부에 대해 이해를 하고 실행해야 합니다.

주의 훈련하기

〈정전〉에서 "주의는 사람의 육근을 동작할 때에 하기로 한 일과 안 하기로 한 일을 경우에 따라 잊어버리지 아니하고 실행하는 마음을 이름" 이라고 설명하고 있습니다. 자세한 내용은 이 책의 '주의' 부분을 참고해주십시오.

조행 훈련하기

〈정전〉 원문에는 "조행操行은 사람으로서 사람다운 행실 가짐을 이름이니"라고 간단히 설명되고 있습니다. 삼학 수행을 했어도 그 사람이 사람다운 행실을 못한다면 수행의 공덕과 효과를 논하기 곤란할 것입니다. 수행의 결과는 결국 심신작용으로 나타나야 하기 때문입니다. 소태산의 교리 중에서 하지 말아야 할 내용을 정한 30계문을 지키고, 늘 인생의 요도인 사은사요를 실천하고, 공부의 요도인 삼학의 대중을 잡고 살아간다면 이 사람의 행실은 사람다울 것입니다.

그리고 '예전禮典'의 내용들을 잘 지키고, '솔성요론'의 내용을 실천하는 사람은 조행을 잘하는 사람일 것입니다. 교전에 특별히 조행에 관한 내용이 언급되어 있지 않지만 이런 설명은 가능하다고 생각합니다. 천만 경계 속에서 심신작용을 할 때 조행을 떠올릴 수 있다면 최소한의 인격과 품위를 지킬 수 있을 것입니다.

상시훈련법

온전한 생각으로 취사하는 훈련

온·생·취 마음공부가 동시 삼학공부이지만, 〈대종경〉 변의품 26장에서 상시응용 주의사항을 삼학과 연결해서 설명했습니다. "상시응용 주의사항은 곧 삼학을 분해하여 제정한 것이니 오조는 정신수양을 진행시키는 길이요, 이조·삼조·사조는 사리연구를 진행시키는 길이요, 일조는 작업취사를 진행시키는 길이요, 육조는 삼학 공부를 실행하고 아니한 것을 살피고 대조하는 길이니라." 취사에 방점을 찍은 설명입니다.

  이 책에서는 온·생·취를 삼학수행의 동시 형태로 파악하고 있음을 참고하기 바랍니다. 동어반복이 되겠지만 천만 경계 속에서 심신작용을 할 때마다 그냥 무심히 하지 말고 '온전한 생각으로 취사하기를 주의'해야 취사력이 증진된다는 사실에는 변함이 없습니다.

동정간 취사력 얻는 빠른 방법

동하고 정하는 두 사이에 취사력 얻는 빠른 방법은, 첫째는 정의인 줄 알거든 크고 작은 일을 막론하고 죽기로써 실행할 것이요, 둘째는 불의인줄 알거든 크고 작은 일을 막론하고 죽기로써 하지 않을 것이요, 세째는 모든 일을 작용할 때에 즉시 실행이 되지 않는다고 낙망하지 말고 정성을 계속하여 끊임없는 공을 쌓을 것이니라.

_ 대종경, 수행품 2장

정의는 죽기로써 실행하기
'죽기로써'라는 표현은 소태산의 경전에 거의 나오지 않는 강한 표현입니다. 왜 이렇게 강한 표현을 썼는지 헤아려야겠습니다.

불의는 죽기로써 하지 않기
정의와 마찬가지로 그른 일을 하지 않는 데도 같은 힘이 든다는 사실을 유념해야겠습니다. 선을 행하기보다 먼저 악을 범하지 않는 것이 더 중요한 일입니다. 일단 악업을 짓지 않은 다음에 선업을 행해야 합니다.

정성으로 공을 쌓기
한 번에 되는 일은 매우 드뭅니다. 습관을 바꾸고 인격을 향상시키는 일, 마음의 힘을 쌓는 공부와 훈련은 더욱 그렇습니다. 끝없이 정성을 계속해야 합니다. 공을 쌓아야 합니다.

'취사'의 힘 기르기 팁 TIP

이미 앞에서 모든 내용을 언급했습니다만 일상생활 속에서 손쉽게 취사력, 실행력을 키우기 위한 작은 방법들을 생각해보았습니다. 유념해서 적절하게 활용하기를 권합니다.

서원 기도하기

서원誓願이란 원을 세우고, 그것을 이루고자 맹세하는 일'<표준국어대사전>입니다. 일생을 바쳐 하고 싶은 원을 세우고 그 원을 이루기 위한 기도를 합니다. 진심으로 원할 때 실행의 힘이 솟아납니다. 어떠한 역경과 난경도 극복할 힘을 얻을 수 있습니다. 작은 소원들은 많지만 인생을 일관하는 서원은 없는 경우가 있습니다. 자칫 작은 성취에 일희일비 하다가 인생을 낭비할 수 있습니다. 인생의 가장 큰 목적지를 정하고 꾸준히 정진해야 합니다.

인생 계획 세우기

서원보다 좀 더 구체적인 인생 계획을 세웁니다. 일생을 몇 단위로 크게 나누어서 무엇을 이룰 것인지를 정하고 그 실현 방법까지 구상합니다. 이런 구상이 늘 마음속에 자리 잡고 있어야 인생의 방향이 흔들리지 않고 매 순간 취사를 하는 데도 큰 기준이 됩니다. 일마다 온·생·취를 해야 하지만 자신의 인생 계획이 불분명한 상태에서는 아무리 매사에 온·생·취를 하려고 해도 쉽지 않고 그 결과도 자신의 의도와는 다를 수 있습니다. 인생에 큰 그림이 있어야 작은 그림도 잘 그릴 수 있습니다.

실행 계획 짜기

인생의 큰 계획 아래 구체적인 일을 추진할 때는 그에 적절한 실행 계획을 짜야 합니다. 계획을 잘 세워도 막상 실행을 하다 보면 계획대로 추진하기가 대단히 어렵습니다. 완성도 높게 실행 계획을 짜놓고서도 계속해서 수정 보완을 해야 합니다. 그래도 의도한 결과를 얻기가 힘든데 어설픈 계획을 짜거나 아예 실행 계획이 없이 무언가를 추진해서는 당연히 성공하기가 어렵습니다. 계획하고 실행하며 다시 계획을 수정 보완하고 다시 실행하는 과정을 생활화해야 합니다.

할 일을 메모하기

정기일기와 상시일기를 제대로 쓰면 그 안에서 모든 실행이 점검될 수 있습니다. 그 정도까지 하기 어렵다면 하루를 마치고 잠들기 전에 내일 할 일을 반드시 메모하는 정도의 습관은 들여야 합니다. 간단한 메모를 하고 머릿속으로 운동선수들처럼 이미지트레이닝을 하면 좋습니다. 실수를 줄이고 실행의 확률을 크게 올릴 수 있습니다.

한 일을 점검하기

하루를 마감하면서 반드시 하기로 했던 일들을 잘 처리했는지 점검합니다. 가급적 왜 일이 잘 안되었는지, 잘 되었는지 그 사유와 원인을 써보면 더욱 좋습니다. 이런 내용을 정기일기에 기재하면 되지만 약식으로 간단한 메모라도 대신해야 합니다. 그렇지 않으면 밑빠진 독에 물붓기처럼 실수를 반복하게 되고 노력이 결실을 맺지 못합니다.

감사와 참회로 하루 마감하기

하루를 마치면서 원불교인이라면 법신불 사은님께 감사와 참회의 기도를 올립니다. 다른 종교의 신앙인이라면 각자의 신앙처에 감사와 참회의 기도를 올립니다. 잠깐 마음을 모아서 기도를 해도 큰 힘을 얻을 수 있습니다. 하나의 일을 마치기 위해서는 엄청난 인연의 도움이 필요하고 무한한 은혜를 입어야 합니다. 그 은혜에 감사할 줄 알아야 합니다. 그래야 타력으로 도움을 받을 수 있고 그래야 능력이 적은 한계를 벗어나 큰 실행력을 얻을 수 있습니다.

참회도 마찬가지입니다. 자신의 잘못을 참회하지 않으면 잘못을 반복하게 됩니다. 주위의 도움과 사은의 큰 은혜를 얻을 수 없게 됩니다. 자신의 잘못을 정확히 깨닫고 새로운 실천을 다짐할 때 새로운 실행력, 취사력을 얻을 수 있습니다. 자력에만 의존하는 삶에서 벗어나 무한한 타력의 도움을 받는 사람이 되어야 합니다.

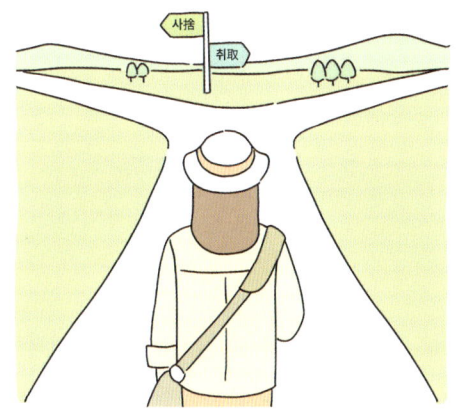

4. 소태산의 '취사' 쓰임새

취사(작업취사)의 사례를 소태산 대종사의 언행을 담은 경전인 대종경에서 찾아보았습니다.

취사의 대중

문정규文正奎 여쭙기를 "경계를 당할 때에 무엇으로 취사하는 대중을 삼으오리까." 대종사 말씀하시기를 "세 가지 생각으로 취사하는 대중을 삼나니, 첫째는 자기의 본래 서원誓願을 생각하는 것이요, 둘째는 스승이 가르치는 본의를 생각하는 것이요, 셋째는 당시의 형편을 살펴서 한 편에 치우침이 없는가를 생각하는 것이라, 이 세 가지로 대중을 삼은즉 공부가 항상 매昧하지 아니하고 모든 처사가 자연 골라지나니라." _ 대종경, 수행품 33장

 그 밖의 가치   본래 서원, 스승의 본의, 당시의 형편

삶의 우선 가치를 챙기고 있어야 경계를 당해서 선택을 할때 올바른 취사를 할 수 있습니다.

외정정 내정정

대종사 이 순순李旬旬에게 물으시기를 '그대는 재가 공부在家工夫를 어떻게 하는가." 순순이 사뢰기를 "마음 안정하기를 주장하나이다." 또 물으시기를 "어떠한 방법으로 안정을 주장하는가. 순순이 사뢰기를 "그저 안정하고자 할 따름이옵고 특별한 방법을 알지 못하나이다." 대종사 말씀하시기를 "무릇, 사람에게는 항상 동과 정 두 때가 있고 정정定靜을 얻는 법도 외정정과 내정정의 두 가지 길이 있나니, 외정정은 동하는 경계를 당할 때에 반드시 대의大義를 세우고 취사를 먼저 하여 망녕되고 번거한 일을 짓지 아니하는 것으로 정신을 요란하게 하는 마魔의 근원을 없이하는 것이요, 내정정은 일이 없을 때에 염불과 좌선도 하며 기타 무슨 방법으로든지 일어나는 번뇌를 잠재우는 것으로 온전한 근본 정신을 양성하는 것이니, 외정정은 내정정의 근본이 되고 내정정은 외정정의 근본이 되어, 내와 외를 아울러 진행하여야만 참다운 마음의 안정을 얻게 되리라."
_ 대종경, 수행품 19장

 망녕되고 번거한 일   마음의 안정

자칫하면 온전함과 실행, 정신수양과 작업취사가 나뉘어 있는 것으로 볼 수 있으나 그렇지 않습니다. 한마음 안에서 진행되어야 하는 공부이고 한 번에 해야 하는 공부입니다. 서로 연동되어 있어서 취사가 곧 수양과 직결됩니다.

시비이해의 기준

그러나 만일 도덕의 원리를 알지 못하고 사사하고 기괴한 것을 찾으며 역리 逆理와 패륜悖倫의 일을 행하면서 입으로만 도덕을 일컫는다면 이것은 사도와 악도를 행하는 것이니, 그 참 도에 무슨 상관이 있으며, 또는 무슨 덕이 화할 수 있으리요. 그러므로 도덕을 배우고자 하는 사람은 반드시 먼저 도의 원리를 알아야 할 것이며, 도의 원리를 안 이상에는 또한 정성스럽게 항상 덕을 닦아야 할 것이니, 그러한다면 누구를 막론하고 점점 도를 통하고 덕을 얻으리라. 그러나 범상한 사람들은 도덕의 대의를 알지 못하므로 사람 가운데에 대소 유무의 근본 이치는 알거나 모르거나 어떠한 이상한 술법만 있으면 그를 도인이라 말하고 또는 시비이해의 분명한 취사는 알거나 모르거나 마음만 한갓 유순하면 그를 덕인이라 하나니 어찌 우습지 아니하리오. 그대가 이제 새로 입교한 사람으로서 먼저 도덕을 알고자 하는 것은 배우는 순서에 당연한 일이니, 나의 한 말을 명심하여 항상 도덕의 대의에 철저하고 사사한 도에 흐르지 말기를 바라노라.

_ 대종경, 인도품 3장

 사사한 도, 이상한 술법   도덕의 대의, 대소유무의 근본 이치

이상한 술법을 중하게 여기면 진정한 도덕과는 멀어집니다. 하지만 생각(사리연구)이 깊지 못하면 그릇된 것을 옳다고 여기게 됩니다.

법률과 취사

이춘풍이 여쭙기를 "지난 번에 저의 자식이 산에 갔다가 포수의 그릇 쏜 탄환에 크게 놀란 일이 있사온데, 만일 그 때에 불행한 일을 당하였다 하오면 그 일을 어떻게 처리하는 것이 좋사올지 취사가 잘 되지 아니하나이다." 대종사 말씀하시기를 "그대의 생각대로 한 번 말하여 보라." 춘풍이 사뢰기를 "법률이 이러한 일을 다스리기 위하여 있는 것이오니, 법에 사실을 알리어 부자된 심정을 표함이 옳을 듯하나이다." 대종사 다시 송적벽宋赤壁에게 물으시니, 그가 사뢰기를 "모든 일이 다 인과의 관계로 되는 것이오니, 그 일도 인과의 보응으로 생각하옵고 아무 일 없이 하겠나이다." 대종사 다시 오창건吳昌建에게 물으시니 그가 사뢰기를 "저도 공부하는 처지가 아니라면 반드시 법에 호소하겠사오나, 또한 천명으로 돌리고 그만 두겠나이다." 대종사 말씀하시기를 "세 사람의 말이 다 중도를 잡지 못하였도다. 대개 지금의 법령 제도가 사람이 출생하거나 사망하면 반드시 관청에 신고하게 되어 있으며, 더욱 횡액을 당하였거나 의외의 급사를 하였을 때에는 비록 관계 없는 사람이라도 발견한 사람이 관청에 보고할 의무를 가졌나니, 외인도 그러하거든 하물며 부자의 관계를 가지고 있는 처지리요. 그러므로, 나는 오직 국민의 처지에서 부모로서 즉시 관청에 사유를 보고할 것이요, 그 후의 일은 법을 가진 관청의 처리에 맡기고 나의 알 바 아니라 하겠노라."

_ 대종경, 인도품 55장

 사捨   부모된 심정   취取   법령과 제도

회상 창립 준비

대종사 회상 창립의 준비로 저축조합을 설시하시고, 단원들에게 말씀하시기를 "우리가 시작하는 이 사업은 보통 사람이 다 하는 바가 아니며 보통 사람이 다 하지 못하는 바를 하기로 하면 반드시 특별한 인내와 특별한 노력이 있어야 할 것인 바 우리의 현재 생활이 모두 가난한 처지에 있는지라 모든 방면으로 특별한 절약과 근로가 아니면 사업의 토대를 세우기 어려운 터이니, 우리는 이 조합의 모든 조항을 지성으로 실행하여 이로써 후진에게 창립의 모범을 보여 주자." 하시고, 먼저 금주 금연과 보은미報恩米 저축과 공동출역出役을 하게 하시니라.

_ 대종경, 서품 7장

 술과 담배, 낭비와 이기주의   회상 창립, 보은미, 공동출역

가치 있는 일을 하기 위해 무언가를 희생해야 함을 절감할 수 있는 내용입니다. 아무것도 버리지 않으면서 무언가를 쉽게 이루려고 하는 것은 아닌지 돌아보게 됩니다.

백지혈인

원기 4년 8월 21일(음 7월 26일)에 생사를 초월한 구인 단원의 지극한 정성이 드디어 백지 혈인白指血印의 이적으로 나타남을 보시고, 대종사 말씀하시기를 "그대들의 마음은 천지 신명이 이미 감응하였고 음부 공사陰府公事가 이제 판결이 났으니 우리의 성공은 이로부터 비롯하였도다. 이제 그대들의 몸은 곧 시방 세계에 바친 몸이니, 앞으로 모든 일을 진행할 때에 비록 천신 만고와 함지 사지를 당할지라도 오직 오늘의 이 마음을 변하지 말고, 또는 가정 애착과 오욕五欲의 경계를 당할지라도 오직 오늘 일만 생각한다면 거기에 끌리지 아니 할 것인 즉, 그 끌림 없는 순일한 생각으로 공부와 사업에 오로지 힘쓰라." 하시고, 법호法號와 법명法名을 주시며 말씀하시기를 "그대들의 전날 이름은 곧 세속의 이름이요 개인의 사사 이름이었던 바 그 이름을 가진 사람은 이미 죽었고, 이제 세계 공명公名인 새 이름을 주어 다시 살리는 바이니 삼가 받들어 가져서 많은 창생을 제도하라."

_ 대종경, 서품 14장

 목숨(목숨을 아끼지 않음), 세속 이름

 창생제도, 백지혈인, 법호와 법명

창생제도의 목적을 이루기 위해 무엇을 희생했는지를 알 수 있는 법문입니다.

부처님의 무상 대도

그러나, 이와 같은 생활을 계속하여 오는 동안에 부처님의 무상 대도는 세상에 알려지지 못하고 승려들은 독선 기신獨善其身의 소승小乘에 떨어졌나니 이 어찌 부처님의 본회本懷시리오. 그러므로 부처님의 무상 대도에는 변함이 없으나 부분적인 교리와 제도는 이를 혁신하여, 소수인의 불교를 대중의 불교로, 편벽된 수행을 원만한 수행으로 돌리자는 것이니라.

_ 대종경, 서품 16장

 과거 불교의 불합리한 교리와 제도   대중의 불교, 원만한 수행

삼천년 전 석가모니 부처님의 본의를 현재에 살리려면 무엇을 버리고 무엇을 취해야 하는지 다시 생각하게 됩니다. 소태산의 불교혁신의 의도를 알 수 있는 내용입니다.

불상과 부처님의 법통

비록 법당에 불상을 모시지는 아니하였으나, 일반 신자들에게 부처님을 지극히 존숭하도록 신심을 인도하는 동시에 참다운 숭배는 부처님의 말씀하신 근본 정신을 존중히 받들고 또한 육근을 작용할 때에 그대로 행을 닦아서 부처님의 법통과 사업을 영원히 계승 발전시킴에 있다는 뜻을 역설하는 바인즉, 어찌 불상을 모시고 조석 예불하는 것만을 숭배라 하리요.

_ 대종경, 교의품 9장

 법당의 불상   부처님의 법통과 사업 계승 발전

아직도 불상(등상불)을 모시지 않은 것에 대해 의아해 하는 이들이 많습니다. 소태산이 무엇을 위해서 그렇게 했는지 아직 이해가 덜 된 것입니다.

죄복의 출처

또 여쭙기를 "일원상을 모시고 죄복의 출처를 사실적으로 해석하여 가르치는 것이 인지가 발달된 이 시대에 지혜 있는 사람들에게는 극히 적합할 일이오나, 어느 세상을 물론하고 지혜 있는 사람은 적고 어리석은 사람이 많은 것은 사실이오니, 어리석은 대중에게 신심을 넣어 주는 데에는 불상을 모시는 것이 더 유리하지 아니하겠나이까." 대종사 말씀하시기를 "법신불 사은이 우리에게 죄 주고 복 주는 증거는 아무리 어리석은 사람이라도 자상히 설명하여 주면 알기도 쉽고 믿기도 쉬울 줄로 생각하는 바이나, 불상이 아니면 신심이 나지 않는 사람은 불상을 모신 곳에서 제도를 받아도 또한 좋을 것이니, 그러한다면 불상을 믿는 사람도 제도할 수 있고 일원상을 믿는 사람도 제도할 수가 있지 아니하겠는가."

_ 대종경, 교의품 10장

 불상

 불상을 모신 곳에서 제도 받도록 함.
(불상을 버린 것이 아님을 알 수 있음)

큰 욕심, 작은 욕심

사자나 범을 잡으러 나선 포수는 꿩이나 토끼를 보아도 함부로 총을 쏘지 아니하나니, 이는 작은 짐승을 잡으려다가 큰 짐승을 놓칠까 저어함이라, 큰 공부에 발심한 사람도 또한 이와 같아서 큰 발심을 이루는 데에 방해가 될까 하여 작은 욕심은 내지 않나니라. 그러므로 성불을 목적하는 공부인은 세간의 모든 탐착과 애욕을 능히 불고하여야 그 목적을 이룰 것이니 만일 소소한 욕심을 끊지 못하여 큰 서원과 목적에 어긋난다면, 꿩이나 토끼를 잡다가 사자나 범을 놓친 셈이라 그 어찌 애석하지 아니하리요. 그러므로, 나는 큰 발심이 있는 사람은 작은 욕심을 내지 말라 하노라.

_ 대종경, 수행품 6장

 꿩이나 토끼 같은 작은 짐승
세간의 탐착과 애욕

 사자나 범
성불

토끼에게 총을 쏘면 사자나 범은 멀리 달아납니다. 토끼에게 총을 쏘아야 할지 말지는 내 결정에 달렸습니다.

병환 중에 계실 때

대종사 병환 중에 계실 때에 한 제자가 "이웃 교도의 가정에 편안히 비기실 의자가 있사오니 가져오겠나이다." 하고 사뢰었더니, 대종사 말씀하시기를 "그만 두라. 그 주인이 지금 집에 있지 아니 하거늘 어찌 나의 편안한 것만 생각하여 가져오리요. 아무리 친한 사이라도 부득이한 경우 외에는 본인의 자원이나, 승락 없는 물건을 함부로 청하여다 사용하지 않는 것이 좋으니라."

_ 대종경, 실시품 22장

 편안함

 상대방의 자원과 승낙(마음)

법의 가치를 중히 아는 사람

"영광靈光의 교도 한 사람은 품삯 얼마를 벌기 위하여 예회例會날 교당 근처에서 일을 하고 있더라 하니 그대들은 그 사람을 어떻게 생각하는가." 한 제자 사뢰기를 "그 사람이 돈만 알고 공부에 등한한 것은 잘못이오나 만일 그 날 하루의 먹을 것이 없어서 부모 처자가 주리게 되었다 하오면, 하루의 예회에 빠지고라도 식구들의 기한飢寒을 면하게 하는 것이 옳지 아니하오리까." 대종사 말씀하시기를 "그대의 말이 그럴 듯하나 예회는 날마다 있는 것이 아니니 만일 공부에 참 발심이 있고 법의 가치를 중히 아는 사람이라면 그 동안에 무엇을 하여서라도 예회 날 하루 먹을 것은 준비하여 둘 것이어늘, 예회 날을 당하여 비로소 먹을 것을 찾는 것은 벌써 공부에 등한하고 법에 성의 없는 것이라, 그러므로 '교당 내왕시 주의 사항'에도 미리 말하여 둔 바가 있는 것이며, 또는 혹 미리 노력을 하였으되 먹을 것이 넉넉지 못하더라도 그 사람의 마음 가운데 일호의 사심이 없이 공부한다면 자연 먹을 것이 생기는 이치도 있나니, 예를 들어 말하자면 어린 아이가 그 어머니의 배 밖에만 나오면 안 나던 젖이 나와져서 그 천록天祿을 먹고 자라나는 것과 같나니라."

_ 대종경, 수행품 7장

사捨 품삯

취取 예회, 천록

창부 몇 사람

대종사 영산에 계실 때에 창부 몇 사람이 입교하여 내왕하는지라 좌우 사람들이 꺼리어 사뢰기를 "이 청정한 법석에 저러한 사람들이 내왕하오면 외인의 치소가 있을 뿐 아니라, 반드시 발전에 장애가 될 것이오니, 미리 오지 못하게 하는 것이 좋을까 하나이다." 대종사 웃으시며 말씀하시기를 "그대들은 어찌 그리 녹록한 말을 하는가. 대개 불법의 대의는 항상 대자 대비의 정신으로 일체 중생을 두루 제도하는 데에 있거니, 어찌 그들만은 그 범위에서 제외하리오. 제도의 문은 도리어 그러한 죄고 중생을 위하여 열리었나니, 그러한 중생일수록 더 반가이 맞아 들여, 그 악을 느껴 스스로 깨치게 하고, 그 업을 부끄러워 스스로 놓게 하는 것이 교화의 본분이라, 어찌 다른 사람의 치소를 꺼리어 우리의 본분을 저버리겠는가. 또는 세상에는 사람의 고하가 있고 직업의 귀천이 있으나 불성에는 차별이 없나니, 이 원리를 알지 못하고 다만 그러한 사람이 내왕한다 하여 함께 배우기를 꺼려한다면, 도리어 그 사람이 제도하기 어려운 사람이니라.

_ 대종경, 실시품 7장

 창부를 오지 못하도록 하자는 제자들의 주장

 창부 몇 사람, 교화의 본분, 우리의 본분

조각 종이 한 장

대종사 조각 종이 한 장과 도막 연필 하나며 소소한 노끈 하나라도 함부로 버리지 아니하시고 아껴 쓰시며, 말씀하시기를 "아무리 흔한 것이라도 아껴 쓸 줄 모르는 사람은 빈천보를 받나니, 물이 세상에 흔한 것이나 까닭없이 함부로 쓰는 사람은 후생에 물 귀한 곳에 몸을 받아 물 곤란을 보게 되는 과보가 있나니라."

_ 대종경, 실시품 18장

 조각 종이, 도막 연필
인과의 이치

 아껴 쓸 줄 모름, 빈천보 등 과보

눈에 보이는 물건 보다도 눈에 보이지 않는 마음의 씀씀이를 매우 중요하게 여기시는 소태산 대종사의 의중을 읽을 수 있습니다.

VI
주의

응용하는 데 온전한 생각으로 취사하기를 **주의**할 것이요

- 소태산, 상시응용 주의사항 1조 -

마음편지

쑥스러운 유무념

사소한데
잘 고쳐지지 않는 습관이 있습니다.
한 둘이 아니죠.
말하기도 쑥스러운 것들입니다.

화장실에서 신문이나 책보기.
보는 것까지는 좋은데(?) 너무 오래 읽게 되죠.
그 시간이 너무 좋아서(?) 유무념 할까 말까 하죠.
아직 고치려는 결심을 하지 않은 셈이죠.

밥 빨리 먹는 습관.
건강에도 좋지 않고
손님보다 먼저 숟가락을 놓게 되죠.
대개는 손님과 식사할 때만 유념을 하곤 합니다.
적당히 타협하고 있는 셈이죠.

요즘 씨름하는 유무념은 '일찍 잠자기'입니다.
오늘도 사소한 습관과 즐겁게 씨름해야죠.
에고, 쑥스러워라!

단상 - 01

내 인생은 내가 만들어갑니다.
내 인생과 운명은 지금 나의 심신작용에 달렸죠.
내 마음가짐과 몸가짐, 내 마음 씀씀이와 행동에 달렸죠.
내가 지금 만나는 경계에 어떻게 대응하느냐에 달렸죠.

내 운명을 나 아닌 존재가 좌우한다고 생각하면
지금 여기, 내 삶에 집중하지 못하죠.
주의를 빼앗기고 맙니다.

지금 주의하고
여기서 주의해야 합니다.
그래야 이 순간이 꽃피기 시작하고
바로 여기가 은혜로 가득해집니다.
낙원은 멀리 있지 않습니다.

단상 - 02

자력이 있는 사람은 남을 탓하지 않죠.
내 삶의 주인은 나라고 생각하기 때문입니다.
책임 또한 자신의 몫이라고 생각하기 때문입니다.

이런 사람은 일 하나하나에 최대한 주의를 기울이죠.
그 성과도 자신의 것이고
그 책임도 자신의 것이기 때문입니다.

작은 일 하나하나에
얼마나 주의하는지를 보면 그 사람을 알 수 있죠.
주인인지 손님인지 알 수 있죠.
주인은 진심으로 간절하게 주의를 기울입니다.

주의 깊은 사람이 주인입니다.

단상 - 03

'눈 뜨고 코 베인다.'라는 말이 있습니다.
마음이 딴 데 가 있을 때 생기는 일이죠.
주의심이 부족해서 그렇습니다.

가만히 있어도
다 듣고 보고 느낄 수 있어야죠.
이런 사람의 코는 베어가지 못합니다.
다 보고 있기 때문이죠.

주의심을 잃으면 내 삶도 잃어버립니다.

단상 - 04

'호랑이에게 물려가도 정신만 차리면 된다.'라는 옛말,
맞는 말인데…
배고픈 호랑이는 얼마나 간절하게 물었을까요.
물려간 사람은 살아서 돌아왔을까요….

한 마음이
배고픈 호랑이보다 간절해야….

단상 - 05

한 마음 챙기지 못한 사이
버스는 나를 지나쳐 갑니다.
뒤늦게 손을 흔들어도 소용없습니다.

후회는 한 때 빛나는 기회였죠.
그 기회를 살리지 못한 것은 내 탓입니다.
좀 더 주의하고,
온 마음을 다해야 했습니다.

단상 - 06

위기는 종종 빛나는 기회로 바뀝니다.
위기를 맞는 사람의 마음이 위기를 바꾼 것이죠.

두 눈 똑바로 뜨고 위기를 직면하고
온전한 생각으로 취사하는 주의심을 발휘하는 사람에게
위기는 자신의 모습을 바꿔서 보여주곤 합니다.

'위기 + 마음'이 '기회'라고 할 수 있습니다.

2. 온·생·취와 주의

주의의 의미

· 주의 : 물 댈 주注, 뜻 의意

 1. 마음에 새겨 두고 조심함

 2. 어떤 한 곳이나 일에 관심을 집중하여 기울임

 3. 경고나 훈계의 뜻으로 일깨움

  - 유의어: 뜸, 유념, 조언

  - 심리학: 정신 기능을 높이기 위한 준비 자세. 유기체가 어떤 순간에 환경 내의 다른 것들을 배제하고 특정 측면에만 집중할 수 있도록 하는 지각의 선택적 측면을 일반적으로 이르는 말. 〈표준국어대사전〉

온·생·취 마음공부에서의 '주의'注意란 부주의, 방심, 무념의 상태가 아니라 마음 챙김, 조심, 유념을 의미한다고 볼 수 있습니다. 마음공부의 시작과 마침이 모두 마음을 챙기는 '주의 공부'로 된다고 할 수 있습니다.

정기훈련 과목과 주의

주의는 사람의 육근을 동작할 때에 하기로 한 일과 안 하기로 한 일을 경우에 따라 잊어버리지 아니하고 실행하는 마음을 이름이요

_ 정전, 정기훈련법

소태산은 하기로 한 일은 하고, 하지 않기로 한 일은 하지 않는 것을 중요한 마음공부로 보았습니다. 경우에 따라 일의 종류는 수도 없이 많습니다. 이 모두를 천만 경계라고 할 수 있습니다. 천만 경계에 따라 적절하게 실행을 하는 마음을 '주의'라고 정의하고 이 마음을 챙기고 단련하는 것을 정기훈련의 주요 과목으로 드러내 주신 것입니다.

주의 공부는 모든 마음공부의 기본이고 모든 훈련 과목의 전제라고 할 수 있습니다. 주의심이 없다면 그 다음 단계로 나아갈 수 없기 때문입니다. 모든 일에 주의를 기울여야 하지만 특히 온·생·취 마음공부 역시 주의심이란 바탕이 없이는 불가능할 것입니다.

온·생·취 마음공부에서는 온·생·취 하는 것만을 챙기면 주의 공부가 되겠지만 주의에 관한 일반적인 이해를 돕고자 소태산이 주의를 교리에서 어떻게 다루고 있는지 살펴보도록 하겠습니다.

'하기로 한 일'과 '안 하기로 한 일'을 경우에 따라 잊어버리지 아니하고 실행하고 있는지 그 마음을 챙겨야 합니다. 마음공부의 시작이기도 하고 마음공부의 결과이기도 합니다.

상시훈련법과 주의

공부인에게 상시로 수행을 훈련시키기 위하여 상시응용 **주의**사항 육조와 교당내왕시 **주의**사항 육조를 정하였나니라.

_ 정전, 상시훈련법

천만 경계가 모두 온·생·취 마음공부의 대상이고, 주의를 기울여야 할 공부거리지만 소태산은 특히 '상시'로 챙겨야 할 조목 12가지를 선택해서 '상시훈련법'을 제시했습니다. 주의 공부의 가장 중심되는 내용이라고 할 수 있습니다.

  이렇게 구체적인 내용을 제시하지 않았다면 무작정 매사에 주의심을 잘 챙기라는 말을 반복할 수밖에 없을 것입니다. 평상시 생활 속에서 특별히 챙겨야 할 내용을 통해서 소태산은 모든 공부인들에게 공부길을 제시한 것입니다.

일어날까? 더 잘까? 일어나야지!

짜증이 나네, 온전한 마음을 챙겨야지!

상시응용 주의사항과 주의

1. 응용應用하는 데 온전한 생각으로 취사하기를 주의할 것이요.

2. 응용하기 전에 응용의 형세를 보아 미리 연마하기를 주의할 것이요.

3. 노는 시간이 있고 보면 경전·법규 연습하기를 주의할 것이요.

4. 경전·법규 연습하기를 대강 마친 사람은 의두 연마하기를 주의할 것이요.

5. 석반 후 살림에 대한 일이 있으면 다 마치고 잠자기 전 남은 시간이나 또는 새벽에 정신을 수양하기 위하여 염불과 좌선하기를 주의할 것이요.

6. 모든 일을 처리한 뒤에 그 처리건을 생각하여 보되, 하자는 조목과 말자는 조목에 실행이 되었는가 못 되었는가 대조하기를 주의할 것이니라.

_ 정전, 상시응용 주의사항

교당내왕시 주의사항과 주의

상시응용 주의사항 공부와 교당내왕시 주의사항 공부의 차이를 단순하게 구별해보자면 상시응용 주의사항은 자력으로 혼자서 하는 공부이고 훈련이라면, 교당내왕시 주의사항은 지도인의 존재를 전제로 하고 지도인의 지도를 받아서 공부하는 타력 중심의 공부이고 훈련입니다. '교당'이라는 물리적 공간보다도 '지도인'이라는 지자본위의 인간관계가 더 본질적 요소라고 할 수 있습니다.

예컨대, 학생이 공부를 할때 집에서 혼자 복습도하고 예습도 하다가 모르는 문제가 있거나 스스로 알아낸 내용이 있을 때 메모를 해두었다가 학교에 갔을 때 선생님에게 공부했던 과정도 이야기하고 도저히 혼자서는 풀지 못했던 문제를 질문하면서 공부를 진행시켜나가는 것과 같습니다.

선생님들이 집에서 해야 할 숙제도 내어주고 공부의 방법도 알려주면 학생들은 그 지도에 맞춰서 공부를 해야합니다. 만약에 그렇게 하지 않으면 학교에 와서도 선생님에게 보고할 것도 없고 질문할 것도 없게 됩니다. '상시응용 주의사항'과 '교당내왕시 주의사항'이 마치 이와같다고 할 수 있습니다.

1. 상시응용 주의사항으로 공부하는 중 어느 때든지 교당에 오고 보면 그 지낸 일을 일일이 문답하는 데 주의할 것이요,

2. 어떠한 사항에 감각된 일이 있고 보면 그 감각된 바를 보고하여 지도인의 감정 얻기를 주의할 것이요,

3. 어떠한 사항에 특별히 의심나는 일이 있고 보면 그 의심된 바를 제출하여 지도인에게 해오解悟 얻기를 주의할 것이요,

4. 매년 선기禪期에는 선비禪費를 미리 준비하여 가지고 선원에 입선하여 전문 공부하기를 주의할 것이요,

5. 매 예회例會날에는 모든 일을 미리 처결하여 놓고 그 날은 교당에 와서 공부에만 전심하기를 주의할 것이요,

6. 교당에 다녀갈 때에는 어떠한 감각이 되었는지 어떠한 의심이 밝아졌는지 소득 유무를 반조返照 하여 본 후에 반드시 실생활에 활용하기를 주의할 것이니라.

_ 정전, 교당내왕시 주의사항

일기법과 주의

재가·출가와 유무식을 막론하고 당일의 유무념 처리와 학습 상황과 계문에 범과 유무를 반성하기 위하여 상시일기법을 제정하였으며, 학원이나 선원에서 훈련을 받는 공부인에게 당일내 작업한 시간 수와 당일의 수입·지출과 심신 작용의 처리건과 감각·감상을 기재시키기 위하여 정기일기법을 제정하였나니라.

_ 정전, 일기법의 대요

소태산의 마음공부는 하루 단위로 결산 하도록 틀지워졌습니다. 일기를 쓰면서 하루 동안 어떻게 마음공부를 했는지를 성찰하고 평가하게 되어 있습니다. 따로 '주의'라는 과목을 점검하지는 않으니까 일기법이 주의 공부와는 관계가 없다고 여길 수 있지만 그것은 큰 착각입니다.

   주의심 없이 하루를 지내면 일기를 기재할 내용이 없습니다. 주의의 내용이 다양할 뿐 상시일기와 정기일기의 모든 내용들은 기본적으로 주의심이 전제되어야 일기 쓰기가 가능합니다. 주의심은 늘 지속되어야 하며 그 점검과 평가는 일기로 마감됩니다.

상시일기법과 주의

유념·무념은 모든 일을 당하여 유념으로 처리한 것과 무념으로 처리한 번수를 조사 기재하되, 하자는 조목과 말자는 조목에 **취사하는 주의심**을 가지고 한 것은 유념이라 하고, 취사하는 주의심이 없이 한 것은 무념이라 하나니, 처음에는 일이 잘 되었든지 못 되었든지 취사하는 주의심을 놓고 안 놓은 것으로 번수를 계산하나, 공부가 깊어가면 일이 잘되고 못된 것으로 번수를 계산하는 것이요,

　학습 상황 중 수양과 연구의 각 과목은 그 시간 수를 계산하여 기재하며, 예회와 입선은 참석 여부를 대조 기재하는 것이요, **계문**은 범과 유무를 대조 기재하되 범과가 있을 때에는 해당 조목에 범한 번수를 기재하는 것이요, 문자와 서식에 능하지 못한 사람을 위하여는 따로이 **태조사**太調査 법을 두어 유념 무념만을 대조하게 하나니, **취사하는 주의심**을 가지고 한 것은 흰 콩으로 하고 취사하는 주의심이 없이 한 것은 검은 콩으로 하여, 유념·무념의 번수를 계산하게 하는 것이니라.

_ 정전, 상시일기법

마음을 챙기기 위해 주의 과목이 있고, 그 주된 내용은 취사하는 주의심입니다. 그리고 이를 점검해서 다시 마음을 챙기도록 하는 과목이 일기법입니다. 훈련 과목들이 서로 연계되어 있고 서로 챙기면서 효과를 극대화 하도록 되어 있습니다. 소태산이 <대종경> 수행품 1장에서 일기법을 두어 물 샐 틈 없이 그 수행 방법을 지도했다는 말씀이 실감납니다.

정기일기법과 주의

당일의 작업 시간 수를 기재시키는 뜻은 주야 24시간 동안 가치 있게 보낸 시간과 허망하게 보낸 시간을 대조하여, 허송한 시간이 있고 보면 뒷날에는 그렇지 않도록 주의하여 잠시라도 쓸데 없는 시간을 보내지 말자는 것이요,

당일의 수입·지출을 기재시키는 뜻은 수입이 없으면 수입의 방도를 준비하여 부지런히 수입을 장만하도록 하며 지출이 많을 때에는 될 수 있는대로 지출을 줄여서 빈곤을 방지하고 안락을 얻게 함이며, 설사 유족한 사람이라도 놀고 먹는 폐풍을 없게 함이요,

심신 작용의 처리건을 기재시키는 뜻은 당일의 시비를 감정하여 죄복의 결산을 알게 하며 시비 이해를 밝혀 모든 일을 작용할 때 취사의 능력을 얻게 함이요,

감각이나 감상을 기재시키는 뜻은 그 대소 유무의 이치가 밝아지는 정도를 대조하게 함이니라.

_ 정전, 정기일기법

삼학과 상시응용 주의사항

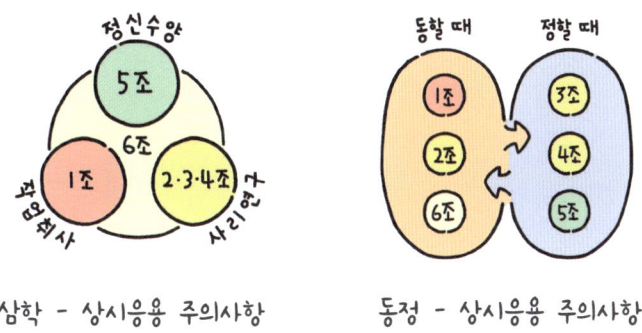

삼학 - 상시응용 주의사항   동정 - 상시응용 주의사항

한 제자 여쭙기를 "정전 가운데 상시응용 주의사항 각 조목과 삼학과의 관계는 어떠하나이까." 대종사 말씀하시기를 "상시응용 주의사항은 곧 삼학을 분해하여 제정한 것이니 5조는 정신수양을 진행시키는 길이요, 2조·3조·4조는 사리연구를 진행시키는 길이요, 1조는 작업취사를 진행시키는 길이요, 6조는 삼학 공부 실행하고 아니한 것을 살피고 대조하는 길이니라."

또 여쭙기를 "상시응용 주의사항 각 조목을 동·정 두 사이로 나누어 보면 어떻게 되나이까." 대종사 말씀하시기를 "3조·4조·6조는 정할 때 공부로서 동할 때 공부의 자료를 준비하는 길이 되고, 일조·이조·육조는 동할 때 공부로서 정할 때 공부의 자료를 준비하는 길이 되나니, 서로서로 도움이 되는 길이며, 일분 일각도 공부를 놓지 않게 하는 길이니라." 또 여쭙기를 "상시응용 주의사항과 교당내왕시 주의사항의 관계는 어떠하나이까." 대종사 말씀하시기를 "상시응용 주의사항은 유무식 남녀노소 선악귀천을 막론하고 인간 생활을 하여 가면서도 상시로 공부할 수 있는 빠른 법이 되고, 교당내 왕시 주의사항은 상시응용 주의사항의 길을 도와주고 알려주는 법이 되나니라."

_ 대종경, 변의품 26장

소태산은 특정한 장소와 시간에 한정된 수행을 넘어서 일상생활 속에서 누구나 해야 하는 수행, 누구나 할 수 있는 수행을 권유하십니다. '유무식 남녀노소 선악귀천을 막론하고 인간 생활을 하여 가면서도 상시로 공부할 수 있는 빠른 법'으로서 상시응용 주의사항을 제시하고 그것을 '도와주고 알려주기' 위해서 교당내왕시 주의사항을 제시한 것입니다.

  소태산이 왜 불교를 '생활화'하고 '대중화'하려고 했는지 그리고 어떻게 하려고 했는지를 알 수 있는 대목입니다. 소태산의 종교는 종교를 위한 종교가 아닙니다. 모든 사람이 각자의 생활 속에서 신앙하고 수행할 수 있어야 하는 종교를 지향했고, 각자의 생활에 도움을 줄 수 있는 신앙과 수행을 지향했습니다. 소태산의 가르침이 매우 생활 밀착형이고 매우 구체적인 이유가 여기에 있습니다.

  특정한 장소에서 시간을 내서 수행을 하는 것이 아니라 일상생활 속에서 수행을 할 수 있어야 하고 그래야 우리 생활을 빛낼 수 있습니다. 불법시생활佛法是生活 생활시불법生活是佛法이라는 표어의 의미를 구체화한 내용이라고 볼 수 있습니다.

2. 주의력을 기르는 방법

정신이 없네

온전한 마음을 잘 챙기고 있어야 한다

정신을 어디에 팔고 있냐? 도대체 정신이 있는 거냐? 라는 말은 제대로 정신을 차리지 못하고 있을 때 하는 말입니다. 정신이 한 쪽에 편중되어 있거나 편착되어 있다면 주의심을 말하기조차 불가능합니다. 예컨대, 도박에 중독되거나 약물에 중독된 사람에게 이런 저런 주의심을 챙기라고 요구하는 것이 불가능한 것과 같습니다. 마음을 챙기지 못한 것을 방심 또는 부주의라고 합니다. 마음이 풀어져 있으면 당연히 주의력을 발휘하기 힘듭니다.

온전한 마음은 모든 마음공부의 시작과 끝이라고 할 수 있습니다. 탐·진·치 삼독심으로 마음이 물들어있다면 이미 마음을 챙기지 못한 것이고, 이 상태에서는 주의심을 챙기기 어렵습니다. 온전한 마음을 챙기는 것을 주의 공부의 첫 과정으로 삼아야 합니다. 소태산은 "정신이라 함은 마음이 두렷하고 고요하여 분별성과 주착심이 없는 경지를 이름"한다고 정의했습니다. 평소에 늘 이런 정신을 잘 차리고 있어야 주의력을 발휘할 준비가 되었다고 할 것입니다. 그 다음에 '하기로 한 일', '유념'을 챙겨야 합니다.

유무념 공부를 해야 한다

주의가 천만 경계에 응해서 온·생·취 하기 위한 준비 단계 또는 전 과정이라고 한다면 유무념은 어떤 일을 특정해서 하거나 하지 않기 위한 마음공부라고 할 수 있습니다. 자세한 내용은 정전 일기법에 나와 있습니다.

> 유념·무념은 모든 일을 당하여 유념으로 처리한 것과 무념으로 처리한 번수를 조사 기재하되, 하자는 조목과 말자는 조목에 취사하는 주의심을 가지고 한 것은 유념이라 하고, 취사하는 주의심이 없이 한 것은 무념이라 하나니, 처음에는 일이 잘 되었든지 못 되었든지 취사하는 주의심을 놓고 안 놓은 것으로 번수를 계산하나, 공부가 깊어가면 일이 잘되고 못된 것으로 번수를 계산하는 것이요.
> — 정전, 상시일기법

모든 일을 잘 처리하고 모든 경계를 온·생·취해야 하지만 그것이 어렵기 때문에 조목을 정해서 주의심을 가지고 실행하면서 마음공부의 실력을 쌓아 나가는 것입니다. 그러니까 마음공부가 순숙되면 모든 일을 '취사하는 주의심'을 가지고 할 수 있게 되는 것입니다. 모든 일을 제대로 해내고 모든 경계에 온·생·취를 할 수 있게 되는 것입니다. 이런 단계에서는 특별한 유무념 조항을 정할 필요가 없게 되는 것입니다. 하지만 아직 그 단계에 도달하지 못한 사람이나 마음공부를 시작한 단계의 공부인들은 반드시 유념 조목을 정해서 공을 들여야 합니다.

대조對照 공부를 잘해야 한다.

유념 공부나 일기 쓰기 등이 모두 대조를 위한 공부입니다. 그래서 유무념 대조나 일기 쓰기를 강조하면서 대조 공부를 따로 이야기함은 동어반복일 수 있습니다. 마음공부를 하는 사람은 마음공부의 표준을 잡아야 합니다. 이 표준이 있어야 심신작용을 대조할 수 있습니다.

　예컨대, 거친 말을 하지 말아야겠다는 마음공부 표준을 세웠다면 말을 할 때마다 유념해서 마음을 챙겨서 말을 해야 하고, 말을 하고 난 다음에는 또 내 언사를 돌아보고 거친 말을 하지는 않았는지 대조를 해야 합니다. 이런 경우 이 공부 표준을 유념 조항으로 삼아서 상시일기에 점검하고 기재한다면 대조 공부를 제대로 하는 것이 됩니다.

　여기서 한 단계 더 나아가 '늘 마음에 요란함이 없게 하자' 또는 '온전한 생각으로 취사하자'와 같은 높은 단계의 마음공부 표준을 갖고 생활한다면 하루 종일, 늘 이를 대조해야 합니다. 마음공부의 실력에 따라 마음공부의 표준도 달라지고 그것을 대조하는 방법도 달라지게 됩니다.

　대조 공부가 없다면 수행은 흐지부지되고 맙니다. 덧붙여, 마음공부의 수준에 따라 공부 표준을 새로 잡아야 하는데 이럴 때 반드시 지혜로운 스승님의 도움이 필요합니다. 그래서 교당내왕시 주의사항의 실천이 중요합니다. 내 마음과 인격의 성정을 면밀히 평가해주고 향상의 길로 안내해 줄 지도인이 반드시 필요합니다. 마음공부를 비춰 볼 거울이 필요합니다.

상시응용 주의사항・교당내왕시 주의사항을 실천해야 한다.
'주의'는 소태산의 가르침 전체의 전제 조건입니다. 마음챙김의 다른 말이 곧 주의입니다.

사람의 마음은 지극히 미묘하여 잡으면 있어지고 놓으면 없어진다 하였나니, 챙기지 아니하고 어찌 그 마음을 닦을 수 있으리오. 그러므로, 나는 또한 이 챙기는 마음을 실현시키기 위하여 상시응용 주의사항과 교당내왕시 주의사항을 정하였고 그것을 조사하기 위하여 일기법을 두어 물 샐 틈 없이 그 수행 방법을 지도하였나니 그대들은 이 법대로 부지런히 공부하여 하루 속히 초범超凡 입성入聖의 큰 일을 성취할지어다. _ 대종경, 수행품 1장

소태산은 마음챙김 즉 주의와 그것을 실현시키기 위한 방법으로 상시응용 주의사항과 교당내왕시 주의사항의 관계를 명료하게 보여주고 있습니다. 혼자서 일상생활을 하면서 어떻게 수행을 해야 할지 그리고 지도인의 지도를 어떻게 받아서 수행을 점검해 나아가야 할지를 소상하게 밝혀 주셨습니다.
   마음공부를 시작하는 사람이 처음부터 모든 일상생활을 법도에 맞게 진리에 부합하게 잘하려고 한다고 해서 되는 것이 아닙니다. 자신의 공부 정도에 맞게 적절하게 진도를 나아가야 합니다. 처음에는 유념 조목 하나부터 집중해서 할 수도 있고, 그 다음에는 좌선을 1분씩이라도 하며 차근차근 해 나가야 합니다. 그러다가 어느 정도 마음에 힘이 붙으면 상시응용 주의사항과 교당내왕시 주의사항 전체 내용을 실천하기를 유념 삼을 수 있습니다. 두 가지 12조항을 모두 실천한다면 주의력은 반드시 커집니다.

일기를 써야 한다.

공부인에게 정기定期로 법의 훈련을 받게 하기 위하여 정기훈련 과목으로 염불念佛·좌선坐禪·경전經典·강연講演·회화會話·의두疑頭·성리性理·정기일기定期日記·상시일기常時日記·주의注意·조행操行 등의 과목을 정하였나니, 염불·좌선은 정신수양 훈련 과목이요, 경전·강연·회화·의두·성리·정기일기는 사리연구 훈련 과목이요, 상시일기·주의·조행은 작업취사 훈련 과목이니라.

_ 정전, 정기훈련법

재가·출가와 유무식을 막론하고 당일의 유무념 처리와 학습 상황과 계문에 범과 유무를 반성하기 위하여 상시일기법을 제정하였으며, 학원이나 선원에서 훈련을 받는 공부인에게 당일내 작업한 시간 수와 당일의 수입·지출과 심신작용처리건과 감각·감상을 기재시키기 위하여 정기일기법을 제정하였나니라.

_ 정전, 일기법의 대요

흔히 알고 있는 일기와 소태산이 권장하는 일기는 매우 다릅니다. 초기 교단의 일기를 보면 약 100년 전의 일기가 이렇게 체계적이고 치밀할 수 있었을까 믿기지 않을 정도입니다. 일기법 역시 마찬가지입니다. 마음공부 전반을 스스로 점검하기 위해서 기재하는 것이지만 초기에는 지도인에게 제출해서 감정을 받도록 했습니다.

  보통의 일기는 내밀한 개인의 일을 기재하는 것이기 때문에 누군가에게 보여준다는 것을 상상하기 힘들지만 소태산이 제시하는 일기는 성격이 다릅니다. 자신의 하루의 삶을 신앙과 수행의 표준으로 반성하고 평가하는 마음공부의 한 방법입니다.

기재하는 방법을 숙달하려면 지도인의 지도를 받아서 일정한 양식에 맞춰서 써야 하고 상당한 노력을 기울여야 일기법 본래 목적에 맞는 일기 쓰기를 할 수 있습니다. 따라서 일기쓰기 역시 자신의 공부 단계에 맞게 차근차근 써야 합니다. 자칫하면 자포자기 할 수도 있습니다.

반드시 유념해야 할 것은 일기를 기재하지 않으면 마음공부를 점검하고 진전시키기 매우 어렵다는 사실입니다. 마음공부를 잘해서 일기를 쓰는 것이 아니라 마음공부를 잘하기 위해서 일기를 쓰는 것입니다. 소태산이 바라는 삶의 내용이 무엇인지 일기를 쓰다보면 알게 됩니다.

그리고 내가 성장하기 위해서 더 노력해야 할 공부가 무엇인지 쉽게 발견할 수 있습니다. 일기만 꼬박꼬박 기재해도 마음공부는 성장합니다. 자신을 돌아보고 성장의 필요성을 새롭게 인식하기 때문입니다. 일기는 수행자의 현재를 비춰주는 거울입니다.

4. 소태산의 '주의' 쓰임새

주의와 관련된 사례와 내용을 소태산의 언행을 담은 경전인 대종경에서 찾아보았습니다.

마음 챙김과 주의

내가 그대들에게 일상 수행의 요법을 조석으로 외게 하는 것은 그 글만 외라는 것이 아니요 그 뜻을 새겨서 마음에 대조하라는 것이니, 대체로는 날로 한 번씩 대조하고 세밀히는 경계를 대할 때마다 잘 살피라는 것이라, 곧 심지$_{心地}$에 요란함이 있었는가 없었는가, 심지에 어리석음이 있었는가 없었는가, 심지에 그름이 있었는가 없었는가, 신·분·의·성의 추진이 있었는가 없었는가, 감사 생활을 하였는가 못하였는가, 자력 생활을 하였는가 못하였는가, 성심으로 배웠는가 못 배웠는가, 성심으로 가르쳤는가 못 가르쳤는가, 남에게 유익을 주었는가 못 주었는가를 대조하고 또 대조하며 챙기고 또 챙겨서 필경은 챙기지 아니하여도 저절로 되어지는 경지에까지 도달하라 함이니라. 사람의 마음은 지극히 미묘하여 잡으면 있어지고 놓으면 없어진다 하였나니, 챙기지 아니하고 어찌 그 마음을 닦을 수 있으리오. 그러므로 나는 또한 이 챙기는 마음을 실현시키기 위하여 상시응용 주의사항과 교당내왕시 주의 사항을 정하였고 그것을 조사하기 위하여 일기법을 두어 물 샐 틈 없이 그 수행 방법을 지도하였나니 그대들은 이 법대로 부지런히 공부하여 하루 속히 초범超凡 입성入聖의 큰 일을 성취할지어다.

_ 대종경, 수행품 1장

소태산은 무형한 마음을 챙기기 위해 단순히 '마음을 잘 챙겨라.' 라고만 하지 않고 반드시 챙겨야 할 12가지 과목을 상시훈련법으로 제시하고, 또 다시 이를 챙기기 위해서 일기법을 제시했습니다. 이중, 삼중의 마음챙김 장치를 한 셈입이다.

유념과 주의

일반적으로는 주의 공부 안에 유념 공부가 속합니다. 하지만 유념 공부를 넓게 보면 주의 공부와 같아질 수도 있습니다.

사람이 서로 사귀는데 그 좋은 인연이 오래 가지 못하는 것은 대개 **유념**할 자리에 유념하지 못하고 **무념**할 자리에 무념하지 못하는 연고이니, 유념할 자리에 유념하지 못한다는 것은 자기가 무슨 방면으로든지 남에게 은혜를 입고도 그 은혜를 잊어버리며 그에 따라 혹 은혜 준 처지에서 나에게 섭섭함을 줄 때에는 의리義理없이 상대하는 것 등이요, 무념할 자리에 무념하지 못한다는 것은 자기가 무슨 방면으로든지 남에게 은혜를 준 후에 보답을 바라는 마음이 있으며 저 은혜 입은 사람이 혹 나에게 잘못할 때에는 전일에 은혜 입혔다는 생각으로 더 미워하는 마음을 일어내는 것이라. 그러므로 그 좋은 인연이 오래 가지 못하고 도리어 원진怨瞋으로 변하여지는 것이니, 그대들은 이 이치를 잘 알아서 유념할 자리에는 반드시 유념하고 무념할 자리에는 반드시 무념하여 서로 사귀는 사이에 그 좋은 인연이 오래 가게 할지언정 그 인연이 낮은 인연으로 변하지 않도록 **주의**할지어다.

_ 대종경, 인도품 16장

이 법문에서 유념·무념은 초보자의 유무념 공부와는 깊이가 사뭇 다릅니다. 속 깊은 마음공부로 진전되는 유무념 공부입니다. 마음에 깊은 주의심이 있어야 가능한 유무념 공부입니다.

공부인이 동動하고 정靜하는 두 사이에 수양력修養力 얻는 빠른 방법은, 첫째는 모든 일을 작용할 때에 나의 정신을 시끄럽게 하고 정신을 빼앗아 갈 일을 짓지 말며 또는 그와 같은 경계를 멀리할 것이요, 둘째는 모든 사물을 접응할 때에 애착 탐착을 두지 말며 항상 담담한 맛을 길들일 것이요, 세째는 이 일을 할 때에 저 일에 끌리지 말고 저 일을 할 때에 이 일에 끌리지 말아서 오직 그 일 그 일에 일심만 얻도록 할 것이요, 네째는 여가 있는 대로 염불과 좌선하기를 주의할 것이니라. 또는, 동하고 정하는 두 사이에 **연구력 얻는 빠른 방법**은, 첫째는 인간 만사를 작용할 때에 그 일 그 일에 알음알이를 얻도록 힘쓸 것이요, 둘째는 스승이나 동지로 더불어 의견 교환하기를 힘쓸 것이요, 세째는 보고 듣고 생각하는 중에 의심나는 곳이 생기면 연구하는 순서를 따라 그 의심을 해결하도록 힘쓸 것이요, 네째는 우리의 경전 연습하기를 힘쓸 것이요, 다섯째는 우리의 경전 연습을 다 마친 뒤에는 과거 모든 도학가道學家의 경전을 참고하여 지견을 넓힐 것이니라. 또는, **동하고 정하는 두 사이에 취사력 얻는 빠른 방법**은, 첫째는 정의인 줄 알거든 크고 작은 일을 막론하고 죽기로써 실행할 것이요, 둘째는 불의인줄 알거든 크고 작은 일을 막론하고 죽기로써 하지 않을 것이요, 세째는 모든 일을 작용할 때에 즉시 실행이 되지 않는다고 낙망하지 말고 정성을 계속하여 끊임없는 공을 쌓을 것이니라.

_ 대종경, 수행품 2장

마음공부 초보자가 이 조목들을 일일이 실천하기는 쉽지 않습니다. 하나하나 유념해서 실천하다 보면 특별히 유념을 하지 않아도 챙겨지는 단계에 도달할 수 있습니다. 유념 공부가 순숙되면 주의 공부도 순숙되는 것입니다.

경계警戒와 주의

경계警戒란 '뜻밖의 사고가 생기지 않도록 조심하여 단속함. 옳지 않은 일이나 잘못된 일들을 하지 않도록 타일러서 주의하게 함'<표준국어대사전>의 뜻입니다. 아래 법문에서 쓰인 주의는 온·생·취 마음공부에서 주로 다루는 주의注意라기 보다는 경계의 의미를 가진 주의라고 보아야 합니다.

대종사 좌선 시간에 선원에 나오시어 대중에게 물으시기를 "그대들이 이와 같이 오는 잠을 참고 좌선을 하고 있으니 장차 무엇을 하려 함인가." 권 동화 사뢰기를 "사람의 정신은 원래 온전하고 밝은 것이오나, 욕심의 경계를 따라 천지 만엽으로 흩어져서 온전한 정신을 잃어 버리는 동시에 지혜의 광명이 또한 매昧하게 되므로, 일어나는 번뇌를 가라 앉히고 흩어지는 정신을 통일시키어 수양의 힘과 지혜의 광명을 얻기 위함이옵니다." 대종사 말씀하시기를 "그대들이 진실로 수양에 대한 공덕을 안다면 누가 권장하지 아니할지라도 정성이 스스로 계속될 것이나, 한 가지 **주의**할 일은 그 방법에 대하여 혹 자상히 알지 못하고 그릇 조급한 마음을 내거나 이상한 자취를 구하여 순일한 선법禪法을 바로 행하지 못한다면, 공부하는 가운데 혹 병에 걸리기도 하고 사도邪道에 흐르기도 하며 도리어 번뇌가 더 일어나는 수도 있나니, 우리의 좌선법에 자주 대조하고 또는 선진자에게 매양 그 경로를 물어서 공부에 조금도 그릇됨이 없게 하라. 만일 바른 공부를 부지런히 잘 행한다면 쉽게 심신의 자유를 얻게 되나니, 모든 부처 모든 성인과 일체 위인이 다 이 선법으로써 그만한 심력을 얻었나니라."

_ 대종경, 수행품 13장

두렷한 일심과 주의

'일심'에 관한 논의를 할 때마다 자주 등장하는 법문입니다. 약을 달이면서 바느질을 하다가 바느질에만 주의를 기울여서 약을 태워버린 실제 예화입니다. 생활 속에서 주의심을 발휘할 때 참고해야 할 소중한 법문입니다.

　소태산은 두 가지 일 모두에 주의해야 한다고 말씀하시면서 그것이 바로 조각난 일심이 아니라 두렷한 일심이라고 설하고 있습니다. 두렷한 일심이 주의를 잘 한 것이고 조각난 일심은 부주의라고 할 수 있습니다. 온전한 마음, 원적무별한 진경, 두렷한 일심과 같은 표현들이 주의 공부의 감을 잡는 데 도움이 될 수 있습니다.

양도신이 여쭙기를 "대종사께옵서 평시에 말씀하시기를, 이 일을 할 때 저 일에 끌리지 아니하며, 저 일을 할 때 이 일에 끌리지 아니하고, 언제든지 하는 그 일에 마음이 편안하고 온전해야 된다 하시므로 저희들도 그와 같이 하기로 노력하옵던 바, 제가 이 즈음에 바느질을 하면서 약을 달이게 되었사온데 온 정신을 바느질 하는 데 두었삽다가 약을 태워버린 일이 있사오니, 바느질을 하면서 약을 살피기로 하오면 이 일을 하면서 저 일에 끌리는 바가 될 것이옵고, 바느질만 하고 약을 불고하오면 약을 또 버리게 될 것이오니, 이런 경우에 어떻게 하는 것이 공부의 옳은 길이 되나이까." 대종사 말씀하시기를 "네가 그때 약을 달이고 바느질을 하게 되었으면 그 두 가지 일이 그 때의 네 책임이니 성심 성의를 다하여 그 책임을 잘 지키는 것이 완전한 일심이요 참다운 공부니, 그 한 가지에만 정신이 뽑혀서 실수가 있었다면 그것은 두렷한 일심이 아니라 조각의 마음이며 부주의한 일이라, 그러므로 열 가지 일을 살피나 스무 가지 일을 살피나 자기의 책임 범위에서만 할 것 같으면 그것은 방심이 아니고 **온전한 마음**이며, 동할 때 공부의 요긴한 방법이니라. 다만, 내가 아니 생각하여도 될 일을 공연히 생각하고, 내가 안 들어도 좋을 일을 공연히 들으려 하고, 내가 안 보아도 좋을 일을 공연히 보려 하고, 내가 안 간섭하여도 좋을 일을 공연히 간섭하여, 이 일을 할 때에는 정신이 저 일로 가고 저 일을 할 때에는 정신이 이 일로 와서 부질없는 망상이 조금도 쉴 사이 없는 것이 비로소 공부인의 크게 꺼릴 바이라, 자기의 책임만 가지고 이 일을 살피고 저 일을 살피는 것은 비록 하루에 백천만 건(件)을 아울러 나간다 할지라도 **일심 공부**하는 데에는 하등의 방해가 없나니라."

_ 대종경, 수행품 17장

유념과 경계와 주의

하나의 법문 안에서도 주의라는 단어가 조금씩 다른 의미로 쓰이기도 합니다. 아래 법문에서 앞 쪽 '취사하는 주의심'에서의 주의注意는 뜻의 의미라면, 뒤의 '크게 주의할지니라'의 주의는 경계警戒의 뜻으로 보아야 적절합니다.

송벽조가 좌선에만 전력하여 수승 화강을 조급히 바라다가 도리어 두통을 얻게 된지라, 대종사 말씀하시기를 "이것이 공부하는 길을 잘 알지 못하는 연고라, 무릇 원만한 공부 법은 동과 정 두 사이에 공부를 여의지 아니하여 동할 때에는 모든 경계를 보아 취사하는 **주의심**을 주로하여 삼대력을 아울러 얻어 나가고, 정할 때에는 수양과 연구를 주로하여 삼대력을 아울러 얻어 나가는 것이니, 이 길을 알아 행하는 사람은 공부에 별 괴로움을 느끼지 아니하고 바람 없는 큰 바다의 물과 같이 한가롭고 넉넉할 것이요, 수승 화강도 그 마음의 안정을 따라 자연히 될 것이나 이 길을 알지 못하면 공연한 병을 얻어서 평생의 고초를 받기 쉽나니 이에 크게 **주의**할지니라."

_ 대종경, 수행품 40장

방심과 주의

아래 법문에서 '주의를 놓아버리는 것'은 방심放心의 뜻입니다.

사람이 무슨 일을 시작하여 한 가지도 그르침이 없을 때에는 그 일을 잘 해보려는 성의가 계속되다가도 중간에 혹 한 두 번 실수를 하고 보면 그만 본래 마음을 다 풀어 버리고 되는 대로 하는 수가 허다하나니, 이것은 마치 새 옷을 입은 사람이 처음에는 그 옷을 조심하여 입다가도 때가 묻고 구김이 지면 그 **주의를 놓아 버리는 것**과 같나니, 모든 일을 다 이와 같이 한다면 무슨 성공이 있으리오. 오직 철저한 생각과 큰 경륜을 가진 사람은 무슨 일을 하다가 혹 어떠한 실수를 할지라도 그것을 전감 삼아 미래를 더욱 개척은 할지언정 거기에 뜻이 좌절되어 당초의 대중을 놓아 버리지는 아니하나니, 이러한 사람에게는 작은 실수가 도리어 큰 성공의 바탕이 되나니라.

_ 대종경, 인도품 38장

부주의와 주의

산업부에서 군郡 당국의 후원을 얻어 양계養鷄를 하는데 하루는 **부주의**로 닭장의 물난로가 터져 많은 병아리가 죽은지라, 담임 부원이 크게 놀라 바로 당국에 사유를 고하였더니, 담당 주임이 듣고 말하되 "당신들이 앞으로 양계에 큰 성공을 하려면 이보다 더 큰 실패라도 각오해야 할 것이니, 많은 닭을 기르자면 뜻 밖의 재해災害와 사고로 손해를 보는 수도 많은 동시에 살려 내는 방식도 또한 여러 가지가 있는데, 규모가 작은 때에 이러한 실패를 해 보지 아니하면 규모가 커진 때에 큰 실패를 면하지 못하게 될 것이라, 그러므로 지금의 작은 손해는 후일의 큰 손해를 막는 산 경험이 될 것인즉 결코 실망하지 말고 잘해 보라."하거늘, 부원이 돌아와 대종사께 아뢰었더니, 말씀하시기를 "그 주임의 말은 법문이로다. … (중략) 만일 그러한 반성이 없이 되는 대로 진행한다면 결국 모든 허물이 생겨나서 세상의 용납을 얻지 못할 것이니 그 어찌 조심하지 아니하리오."

_ 대종경, 교단품 29장

대종사 영산에 계실 때에 하루는 채포菜圃에 나가시니, 채포 가에 있는 분항에 거름 물이 가득하여 뭇 벌레가 화생하였는데, 마침 쥐 한 마리가 그것을 주워 먹고 가는지라, 밭을 매던 제자들이 "저 쥐가 때로 와서 저렇게 주워 먹고 가나이다." 하거늘, 대종사 말씀하시기를 "지금은 저 쥐가 벌레들을 마음대로 주워 먹으나 며칠 안에 저 쥐가 벌레들에게 먹히는 바 되리라." 제자들이 말씀 뜻을 충분히 이해하지 못하여 "삼세 인과가 어찌 그리 빠르리요" 하였더니, 며칠 후에 과연 그 쥐가 분항에 빠져 썩기 시작하매 뭇 벌레가 그

쥐를 빨아먹고 있는지라, 대종사 말씀하시기를 "내가 전일에 한 말을 그대들은 이상히 생각하는 듯 하였으나 나는 다만 그 기틀을 보고 말한 것 뿐이니라. 당시에는 분항 속에 거름이 가득하므로 쥐가 그 위를 횡행하며 벌레를 주워 먹었으나, 채소 밭을 매고서는 응당 그 거름을 퍼서 쓸 것이요, 그러면 그 항속은 깊어져서 주의 없이 드나들던 저 쥐가 반드시 항 속에 빠져 죽을 것이며 그러하면 뭇 벌레의 밥이 될 수 밖에 없는 것을 미리 추측한 것이니라." 하시고, 이어서 말씀하시기를 "사람의 죄복간 인과도 그 일의 성질에 따라 후생에 받을 것은 후생에 받고 현생에 받을 것은 현생에 받게 되는 것이 이와 다를 것이 없나니라."

_ 대종경, 인과품 31장

삼세 인과를 설명하는 법문이지만 사람만이 아니라 작은 쥐 한 마리도 주의를 하지 않아서 죽게 되는 예화이기도 합니다. 주의 공부의 필요성을 느끼게 합니다.

VII
온·생·취 - 자문자답

"응용하는 데 온전한 생각으로 취사하기를 주의할 것이요."

정전, 상시응용 주의사항 1조

온전

1. 나는 일단 마음을 멈추고 있나요?
2. 나는 편안한 마음으로 경계에 응하고 있나요?
3. 나는 어떤 감정으로 경계에 응하고 있나요?
4. 나는 어떤 욕심으로 경계에 응하고 있나요?
5. 나는 어떤 고정관념으로 경계에 응하고 있나요?

생각

1. 경계의 원인이 무엇이라고 생각하나요?
2. 내 심신작용의 결과가 어떨 것이라고 생각하나요?
3. 지혜로운 분의 도움을 받고 있나요?
4. '인과'와 '은혜'의 관점에서 판단하고 있나요?
5. '대소유무 시비이해'의 생각 틀을 활용하고 있나요?

취사

1. '생각'(결심)한 대로 '실행'하나요?
2. 어떤 '욕심'에 따라 행동하고 있지 않나요?
3. 어떤 '습관'에 따라 행동하고 있지 않나요?
4. 무엇을 취(取)하고 무엇을 버리나요(捨)?
5. 취사, 실행의 결과는 은혜로운가요?

1. 온전 - 자문자답

온·생·취 자문자답은 평소 천만 경계에 내가 어떻게 대응하는지를 돌아보고 심신작용을 할 때 마음을 챙기기 위한 것입니다.

  온전 - 자문자답은 소태산의 삼학 가운데 온전에 관련된 '정신수양'을 중심으로 문항을 만들었습니다. 이 내용은 종교와 상관없이 누구나 내 행동과 습관을 성찰하고 마음을 챙기는 데 활용할 수 있습니다.

  다음은 온전한 마음을 챙기기 위한 몇 가지 문항입니다. 어떤 경계에 응해서 심신작용을 할 때 온전한 마음을 챙기기 위한 것입니다. 또한 심신작용을 한 다음에 자신의 심신작용을 성찰하고 대조하기 위한 문항이기도 합니다. '그 경계'에 대한 '나의 대응' 행동이나 상황, 마음의 상태 등을 적어봅니다.

온전

1 나는 일단 마음을 멈추고 있나요?

2 나는 편안한 마음으로 경계에 응하고 있나요?

3 나는 어떤 감정으로 경계에 응하고 있나요?

4 나는 어떤 욕심으로 경계에 응하고 있나요?

5 나는 어떤 고정관념으로 경계에 응하고 있나요?

온전 穩全 - Stop　　정신수양 / 자주의 힘

1. 나는 일단 마음을 멈추고 있나요?

2. 나는 편안한 마음으로 경계에 응하고 있나요?

3. 나는 어떤 감정으로 경계에 응하고 있나요?

4. 나는 어떤 욕심으로 경계에 응하고 있나요? (심화과정)

5. 나도 모르는 고정관념으로 경계에 응하고 있나요? (심화과정)

이미 행한 심신작용에 대해서는 문항을 과거형으로 바꿔서 응답하면 됩니다.

나는 일단 마음을 멈추고 있나요?

마음을 멈춰야 경계를 제대로 볼 수 있습니다. 마음을 멈추지 못하면 경계를 알아차릴 수 조차 없습니다. 마치 달리는 자동차가 주변 경치나 행인들을 잘 볼 수 없는 것과 같죠. 빨리 달릴수록 시야는 좁아지고 사고의 위험도 높아집니다.

마음이 어디로 향하고 있다는 것은 그 곳에 주의를 기울이고 있다는 뜻입니다. 한 곳에 주의를 기울이면 다른 곳에 주의를 기울이기 힘듭니다. 주의심이 분산되는 것이죠. 더 나아가 주의가 산만하면 주위 존재들을 제대로 볼 수가 없습니다. 더 심해져서 주의력이 결핍되면 주위 존재들을 알아차리지도 못하게 됩니다.

마음을 멈춘다는 것은 마음의 관성慣性을 이겨낸다는 것이지요. 그동안의 마음의 행로는 바로 지금까지만 유효하며 앞으로 어떤 행로를 택할지는 다시 정해야 합니다.

일원상 서원문의 '언어도단言語道斷의 입정처入定處' 는 언어의 길이 끊어지고 크게 고요한 마음자리에 들었다는 말입니다. 정산종사법어의 '언어도단言語道斷 심행처멸心行處滅' 이란 표현은 언어의 길이 끊어지고 마음이 가는 곳이 사라졌다는 의미입니다. 언어학자들은 인간은 언어로 사고한다고 말합니다. 겉으로든 속으로든 말을 한다는 것, 언어를 사용하고 있다는 것은 사고 활동을 한다는 것이고 사량 분별의 작용을 하고 있다는 뜻입니다. 마음 작용을 일단 멈춰야 온전한 마음이 됩니다.

　　　　* 빨리 달릴수록 시야는 좁아진다. *

나는 편안한 마음으로 경계에 응하고 있나요?

경계를 발견하고 그 경계에 응할 때 우선은 마음이 불편하지 않아야 합니다. 불편하다는 것은 내 마음에 무언가 있다는 것이고 그것이 경계와 맞닥뜨리기 때문입니다. 외부의 경계든지 내면의 경계든지 경계와 마음이 충돌하고 갈등하기 때문입니다.

 온전한 마음을 편안한 마음이라고 표현하였습니다. 일상수행의 요법 1조의 '심지는 원래 요란함이 없건마는 경계를 따라 있어지나니 그 요란함을 없게 하는 것으로서 자성의 정을 세우자'라는 대목과 같이 '요란하지 않은 마음'이라고 해도 좋습니다.

 '편안한 마음'이란 소박한 표현은 빈 마음, 고요한 마음, 편안한 마음, 여유로운 마음, 평화로운 마음 등 또 다른 표현으로 바꾸어도 됩니다. '온전한 마음'을 쉽게 가늠하고 평가하고 챙길 수 있도록 실용적으로 표현한 것입니다. '언어도단 심행처멸'의 마음 자리를 소태산 대종사는 '극락極樂'으로 표현하기도 했습니다. 마음을 제대로 멈추면 그 자리가 극락입니다. 온전한 마음을 가늠할 수 있는 말씀이죠. 온·생·취의 첫 단계는 매우 중요합니다. 마음이 불편하면 일단 마음이 편안해질 때까지 잠시 기다리는 여유가 필요합니다.

 •뭔가 있어서 불편하다. 불편하면 일단 비우자.•

나는 어떤 감정으로 경계에 응하고 있나요?

'인간은 감정의 동물'이라고 하죠. 사람들이 감정에 물들어 행동하기 쉬움을 단적으로 보여주는 말입니다. 마음공부에 여러 단계가 있지만 감정으로부터 자유로운 경지에 도달하기는 매우 어렵습니다.

   기분이 우울할 때는 하늘도 우울해 보이고 지나가는 사람들도 우울해 보이죠. 더 우울할 때는 주위의 존재들을 보고 싶지도 않고 잘 보이지도 않습니다. 마음이 기쁘고 즐거운 때는 그 반대입니다. 하늘도 웃는 듯 하고 지나가는 사람들도 아름답게 보입니다. 어려운 부탁도 다 들어주고 힘든 일을 해도 지치지 않습니다.

   감정에 물든 상태로는 온전한 마음을 유지하기 힘들죠. 감정이 내게 그릇된 영향을 미치고 있다면 빨리 알아차려야 합니다. 감정도 적절해야 하고 상황에 맞아야 합니다. 감정에 물들어서 중요한 결정을 한다면 그 결과는 매우 비관적일 수밖에 없습니다.

   작은 경계를 알아차리기 위해서도 감정을 알아차려야 합니다. 감정의 파도가 치는 마음은 아무것도 제대로 비추지 못합니다. 명경지수明鏡止水와 같은 고요한 마음이라야 작은 경계도 제대로 알아챌 수 있습니다. 지혜롭고 바른 취사를 하려면 반드시 자신의 감정을 잘 알아차려야 합니다. 알아차리지 못하면 벗어날 수도 없고 자유로울 수도 없습니다. 하물며 감정을 적절하게 활용하는 단계로 나아갈 수 없습니다.

> '파도치는 호수는 제대로 비추지 못한다.'

나는 어떤 욕심으로 경계에 응하고 있나요? (심화과정)

욕심을 한자로 보면 욕심慾心과 욕심欲心 두 가지가 있습니다. 욕심慾心이란 우리가 흔히 말하는 욕심으로 '분수에 지나치게 탐내거나 누리고자 하는 마음'을 이야기 합니다. 욕심欲心도 흔히 같은 뜻으로 쓰이지만 여기서의 욕欲자는 '하고자 할 욕'이죠. '바라다. 기대하거나 원하다'의 뜻을 포함합니다. 欲心은 삶의 원동력이 될 수도 있는 마음이지만 慾心은 이미 지나친 마음이라서 문제가 될 수 밖에 없는 마음이라고 할 수 있습니다.

이미 내 마음에 욕심이 자리잡고 있다면 온·생·취는 별 의미가 없습니다. 이미 마음의 행로와 종착점이 정해져 있는 것과 같기 때문입니다. 식욕, 색욕, 수면욕과 같은 일차적인 욕심부터 명예욕과 같은 숨겨진 욕심이 자리잡은 마음을 적절하게 비우지 않으면 온전한 마음을 회복하기가 어렵습니다. 내 안에 이런 마음이 자리잡고 있는 것을 알아차리고 비울 수 있어야 합니다.

범상한 사람에게는 무슨 일에나 지혜 어두워지게 하는 두 가지 조건이 있나니, 하나는 욕심에 끌려 구하므로 중도를 잃어서 그 지혜가 어두워지는 것이요, 또 하나는 자기의 소질 있는 데에만 치우쳐 집착되므로 다른 데에는 어두워지는 것이라, 수도하는 사람은 이 두 가지 조건에 특히 조심하여야 하나니라.
_ 대종경, 수행품 28장

❝욕심이 있다는 것은 답이 이미 정해졌다는 것이다.❞

나도 모르는 고정관념과 습관으로 경계에 응하고 있나요? (심화과정)

사람은 성장하면서 어떤 가치관을 내면화하고 경험과 학습을 통해서 사회적 통념을 받아들이기도 하고 자신만의 신념을 갖게 됩니다. 이런 것 없이 삶의 다양한 국면에 신속하게 응할 수 없고 천만 경계에 응하기도 불가능하다고 할 수 있습니다. 물론 그래서 온·생·취가 어려워지기도 합니다. 이런 것들로부터 자유로워야 진정한 온·생·취를 할 수 있습니다.

사람마다 이런 가치관과 신념들이 있기 때문에 어떤 사람의 행동을 예측할 수도 있습니다. 예컨대, 특정 정당의 정치인이라면 그 사람의 정치적 행위는 이미 그가 속한 정당의 강령에 담겨있는 셈입니다. 그 테두리 안에서 그 사람의 행위를 예측할 수 있습니다. 반면에 자신도 알아차리지 못한 고정관념도 있습니다. '고정관념'이란 말은 이미 부정적 의미를 포함하고 있는데 고정관념을 가지고 있다는 것조차 모르고 있을 때의 부정적 의미는 더 커질 수 밖에 없죠. 마음의 방향이 이미 정해져 있는데 그 사실을 본인이 모르고 있는 셈입니다. 나도 모르는 고정관념, 나도 잘 모르는 습관에 의해서 내 삶이 나도 모르는 곳으로 향하고 있다면 소름 끼치는 일이 아닐 수 없습니다.

일단, 내 마음을 알아차려야 합니다. 그 알아차림 가운데는 어려운 것이 있는데 '나도 모르는' 생각, '나도 모르는' 신념, '나도 모르는' 확신, '나도 모르는' 습관, '나도 모르는' 성격 등이 모두 포함됩니다. 흔히 '무의식'이라고 하는 깊은 마음의 세계까지도 알아차려야 합니다. 쉽지 않지만 온·생·취를 위해서는 반드시 도전해야 할 공부입니다.

❝무섭다. 나도 모르는 내가 나를 끌고 간다.❞

2. 생각 - 자문자답

온·생·취 자문자답은 평소 천만 경계에 내가 어떻게 대응하는지를 돌아보고 심신작용을 할 때 마음을 챙기기 위한 것입니다.

   생각 - 자문자답은 소태산의 삼학 가운데 생각에 관련된 '사리연구'를 중심으로 문항을 만들었습니다. 이 내용은 종교와 상관없이 누구나 내 행동과 습관을 성찰하고 마음을 챙기는 데 활용할 수 있습니다.

   다음은 지혜로운 생각에 관한 몇 가지 문항입니다. 어떤 경계에 응해서 심신작용을 할 때 지혜로운 생각을 챙기기 위한 것입니다. 또한 심신작용을 한 다음에 자신의 심신작용을 성찰하고 대조하기 위한 문항이기도 합니다. '그 경계'에 대한 '나의 대응' 행동이나 상황, 마음의 상태 등을 적어봅니다.

생각

1. 경계의 원인이 무엇이라고 생각하나요?
2. 내 심신작용의 결과가 어떨 것이라고 생각하나요?
3. 지혜로운 분의 도움을 받고 있나요?
4. '인과'와 '은혜'의 관점에서 판단하고있나요?
5. '대소유무 시비이해'의 생각 틀을 활용하고 있나요?

생각 生覺 - Think 사리연구 / 지혜의 힘

1. 경계의 원인이 무엇이라고 생각하나요?

2. 내 심신작용의 결과가 어떨 것이라고 생각하나요?

3. 지혜로운 분의 도움을 받고 있나요?

4. '인과'와 '은혜'의 관점에서 판단하고있나요? (심화과정)

5. '대소유무 시비이해'의 생각 틀을 활용하고 있나요? (심화과정)

이미 행한 심신작용에 대해서는 문항을 과거형으로 바꿔서 응답하면 됩니다.

경계의 원인이 무엇이라고 생각하나요?

소태산은 '우리에게 우연히 돌아오는 고락이나 우리가 지어서 받는 고락은 각자의 육근六根을 운용하여 일을 짓는 결과'라고 단언했습니다. 다른 사람이나 경계를 원망하고 탓하기보다 각자의 심신작용을 성찰할 이유를 말하고 있죠.

   역경과 난경, 나를 고통스럽게 하는 상황을 만났을 때 서둘러서 답을 찾고 심신작용을 하기 전에 일단 '온전한 마음'을 챙기고 '생각'을 잘해야 합니다. 먼저, 이 경계가 어디서 비롯되었는지를 곰곰이 생각해보아야 합니다. 문제를 잘 파악하고 분석한 다음에 답을 마련해야 하는 이치와 같습니다.

   병에 대한 진단이 정확하지 않으면 처방은 무의미합니다. 오히려 병을 악화시키거나 새로운 병을 일으킬 수 있기 때문입니다. 해결 방법을 찾기 전에 문제의 원인을 파악하고 정확히 분석하는 과정이 필수적입니다.

               ❛ 어제 지은대로 오늘 받고 있다.❜

내 심신작용의 결과가 어떨 것이라고 생각하나요?

어떤 경계에 응해서 심신작용을 할 때 그 결과가 어떨 것이지 깊이 생각해야 합니다. 이 단계의 '생각'이란 판단의 의미를 갖습니다. 경계를 대해서 어떻게 대응해야겠다는 판단을 할 때 잘해야 합니다.

   판단이 섰을 때 경계에 응해서 심신작용을 하게 되는데 반드시 생각해야 할 것은 심신작용의 결과입니다. 보통 사람들도 경계를 당해서 판단을 한 다음 심신작용을 합니다. 문제는 그 결과가 의도와는 다르게 나오는 경우가 많다는 점입니다. 판단은 했지만 결과를 예측하지는 못한 셈이죠. 심신작용을 하기 전에 그 결과까지 정확히 예측해서 판단을 해야 합니다.

   경계는 종류가 대단히 많죠. 소소하게는 음식점에서 먹을 음식을 선택해야 하는 것에서부터 급변하는 경제환경 속에서 대기업이 신사업을 진출시켜야 하는 문제와 같이 크고 복잡한 경계도 있습니다. 그 결과를 예측하기가 쉽지 않습니다. 하지만 어렵다고 해서 포기하기 보다는 복잡할수록 더 '생각'을 잘해야 합니다. 평소에 '생각의 힘', 사리연구의 '연구력'을 길러놓아야 하는 이유입니다.

   '생각'을 잘한다는 것은 결국은 인과관계를 잘 파악해서 거기에 맞게 대응을 잘한다는 것입니다. 소태산이 그토록 강조하는 '인과의 이치'를 얼마나 깊게 깨달아서 현실 생활에 활용하느냐의 문제로 귀결됩니다.

❝ 오늘 지은대로 내일 받는다. ❞

지혜로운 분의 도움을 받고 있나요?

생각을 잘해서 지혜로운 판단을 하면 좋으련만 그것이 쉽지 않죠. 생각의 힘, 연구력, 지혜의 힘을 이미 갖추고 있기가 어렵기 때문입니다. 생각의 힘이 모자라도 경계는 늘 닥쳐오고 우리는 거기에 응해야 합니다. 자력 만이 아니라 타력이 필요한 이유입니다.

나만의 지혜로는 풀 수 없는 경계를 당했다면 당연히 나보다 지혜로운 사람의 도움을 받아야 합니다. 나보다 특별히 지혜롭지 않은 사람에게라도 의견을 구하는 과정에서 새로운 지혜를 얻게 되는 경우도 많습니다. 나만의 생각에서 벗어날 수 있기 때문입니다.

더구나 요즘은 각 분야마다 전문가들이 많죠. 이들에게 지식을 구해야 하고 삶의 지혜가 필요할 때에는 인격적으로 훌륭한 지도인에게 답을 구해야 합니다. 매우 당연하고 쉬운 것 같지만 이를 실천하는 사람은 매우 드물죠. 물론 이렇게 하려면 평소에 문답 감정을 자주 받는 지도인을 모시는 삶의 자세가 필수적입니다. 일을 당해서 갑자기 심각한 질문을 하기도 어렵고 지도인도 갑자기 답하기 어렵기 때문이기도 합니다.

가까운 사람들에게 묻고, 관련 분야의 전문가들에게 지식을 구하고, 스승님들에게 삶의 지혜를 구해야 합니다. 이 쉬운 공부만 잘해도 훨씬 지혜로운 판단을 할 수 있고 지혜로운 사람이 될 수 있습니다.

"지혜로운 스승을 모시고 살고 있나?"

'인과'와 '은혜'의 관점에서 판단하고 있나요? (심화과정)

온·생·취 마음공부를 일반 사회인들이 한다면 거기에 맞게 나름대로의 온·생·취 를 할 수 밖에 없습니다. 소태산의 가르침을 모르기 때문입니다. 그러나 소태산의 가르침을 이미 알고 있는 이들은 '생각'의 틀과 내용 그리고 방법을 소태산의 가르침 안에서 쉽게 찾을 수 있습니다.

'인과'의 관점
우주의 진리는 원래 생멸이 없이 길이 길이 돌고 도는지라, 가는 것이 곧 오는 것이 되고 오는 것이 곧 가는 것이 되며, 주는 사람이 곧 받는 사람이 되고 받는 사람이 곧 주는 사람이 되나니, 이것이 만고에 변함 없는 상도常道니라.

_ 대종경, 인과품 1장

천지에 사시 순환하는 이치를 따라 만물에 생·로·병·사의 변화가 있고 우주에 음양 상승陰陽相勝하는 도를 따라 인간에 선악 인과의 보응이 있게 되나니, 겨울은 음陰이 성할 때이나 음 가운데 양陽이 포함되어 있으므로 양이 차차 힘을 얻어 마침내 봄이 되고 여름이 되며, 여름은 양이 성할 때이나 양 가운데 음이 포함되어 있으므로 음이 차차 힘을 얻어 마침내 가을이 되고 겨울이 되는 것과 같이, 인간의 일도 또한 강과 약이 서로 관계하고 선과 악의 짓는 바에 따라 진급 강급과 상생 상극의 과보가 있게 되나니, 이것이 곧 인과 보응의 원리니라.

_ 대종경, 인과품 2장

식물들은 뿌리를 땅에 박고 살므로 그 씨나 뿌리가 땅 속에 심어지면 시절의 인연을 따라 싹이 트고 자라나며, 동물들은 하늘에 뿌리를 박고 살므로 마음한 번 가지고 몸 한 번 행동하고 말 한 번 한 것이라도 그 업인業因이 허공 법계에 심어져서, 제 각기 선악의 연緣을 따라 지은대로 과보가 나타나나니, 어찌 사람을 속이고 하늘을 속이리요.

_ 대종경, 인과품 3장

이와 같은 인과의 이치에 대해 통달해야 내게 찾아오는 경계의 원인과 의미를 제대로 파악할 수 있고 거기에 어떻게 응해서 심신작용을 해야 할 것인가에 대한 판단을 제대로 할 수 있습니다.

   소태산이 깨달은 인과의 이치란 우주만물 모두를 관통하고 있는 이법입니다. 종교적 의미의 인과의 교리와 과학적 인과의 원리가 상통합니다. 종교적 신념과 상관없이 합리적인 판단을 하면 되는 것이죠. 개인적 신념이나 가치관의 차이와 무관하게 누구나 인과의 이치에 바탕해서 합리적 판단을 하는 것이 온·생·취의 '생각'을 잘하는 것입니다.

'은혜'의 관점

깊은 단계의 인과의 이치를 잘 몰라서 판단이 서지 않을 때는 소태산이 강조하는 핵심 가치인 '은혜'를 판단 근거로 삼기를 권합니다. 자칫해서 기술적 인과론에 머물러서 어리석은 판단을 하기 쉽기 때문입니다.

   예컨대, 학벌 좋고 머리 좋고 경험도 많은 사람들이 심사숙고해서 어떤 판단을 하고 행동을 했는데 그 결과에 대단히 당혹스러울 때가 있죠. 늘 합리적으로 인생을 살아온 사람이 자신의 삶 전체를 후회하는 경우도 있습니다. 부분적으로는 합리적이고 인과에 맞는 판단을 해서 심신작용을 했으나 더 큰 인과의 이치를 보지 못한 것이죠.

소태산의 가르침을 내면화한 사람은 인과의 이치에 담긴 '은혜'의 의미를 이미 알고 있습니다. 만물이 서로 '없어서는 살 수 없는' 관계로 맺어져 있다는 은혜의 개념은 소태산 사상의 핵심으로서 인간의 삶 전반을 아우르는 윤리를 제공하고 있죠. 천지은, 부모은, 동포은, 법률은의 사은의 윤리는 곧 어려운 인과의 이치를 우리 인간 삶에 적용해서 알기 쉽게 풀어놓은 교리입니다. 따라서 소태산의 은恩사상을 잘 알고 있는 사람들은 자칫 추상적으로 느껴질 수 있고 실생활에 적용하기 힘든 인과의 이치보다는 사은의 윤리를 떠올리고 거기에서 판단의 근거를 찾는 것이 훨씬 쉽고 빠를 수 있습니다.

소태산이 '인생의 요도'라도 칭한 사은사요四恩四要 (사은-천지은·부모은·동포은·법률은, 사요-자력양성·지자본위·타자녀교육·공도자숭배) 도 근본원리는 인과의 이치입니다. 크게 깨닫지 못하면 인과의 이치를 실생활에 제대로 활용하기 어렵기 때문에 좀 더 쉽고 간편하게 정리해 준 가르침이라고 볼 수 있습니다. 따라서 사은의 가르침을 늘 유념하면서 '생각'을 하면 쉽게 지혜로운 판단을 할 수 있습니다.

● 지혜로워야 인과와 은혜가 보인다 ●

'대소유무 시비이해'의 생각 틀을 활용하고 있나요? (심화과정)

소태산이 생각하는 지혜의 내용은 매우 명확합니다. '대소유무大小有無 시비이해是非利害'를 잘 아는 것입니다. 사리간에 걸림 없이 알아야 합니다. <정전> 사리연구의 내용 또한 명료합니다. 대소유무 시비이해의 개념과 내용을 설명하고 있습니다.

"우리가 일의 시·비·이·해를 모르고 자행 자지한다면 찰나찰나로 육근을 동작하는 바가 모두 죄고로 화하여 전정 고해가 한이 없을 것이요, 이치의 대소 유무를 모르고 산다면 우연히 돌아오는 고락의 원인을 모를 것이며, 생각이 단촉하고 마음이 편협하여 생·로·병·사와 인과 보응의 이치를 모를 것이며, 사실과 허위를 분간하지 못하여 항상 허망하고 요행한 데 떨어져, 결국은 패가망신의 지경에 이르게 될지니," 라고 인과의 이치에 따른 결과를 경고하고 있습니다.

그래서, "우리는 천조의 난측한 이치와 인간의 다단한 일을 미리 연구하였다가 실생활에 다달아 밝게 분석하고 빠르게 판단하여 알자는 것이니라." 라고 사리연구 공부의 필요성을 강조하고 있습니다. 평소에 사리연구를 꾸준히 하고 있어야 지혜의 힘이 쌓이고 그래야 경계에 응해서 온·생·취의 '생각'을 잘 할 수 있습니다.

교리적으로 보자면 '대소유무 시비이해'를 통달하면 대각을 한 것입니다. 큰 깨달음의 경지에 도달한 셈이죠. 반면, 이 경지에 도달하지 못한 사람들은 어떻게 해야 할까요. 조심스러운 시도이긴 하지만 진리를 크게 깨닫지 못한 상태에서도 이 생각의 틀을 활용하는 방법을 간략히 제시해 봅니다.

사事라 함은 인간의 시·비·이·해是非利害를 이름이요, 이理라 함은 곧 천조天造의 대소 유무大小有無를 이름이니, 대大라 함은 우주 만유의 본체를 이름이요, 소小라 함은 만상이 형형 색색으로 구별되어 있음을 이름이요, 유무라 함은 천지의 춘·하·추·동 사시 순환과, 풍·운·우·로·상·설風雲雨露霜雪과 만물의 생·로·병·사와, 흥·망·성·쇠의 변태를 이름이며, 연구라 함은 사리를 연마하고 궁구함을 이름이니라.

_ 정전, 사리연구의 요지

〈정전〉 사리연구의 요지 원문입니다. 원문 그대로 보자면 경계를 당해서 '대'를 생각한다면 '우주 만유의 본체'까지도 이미 알고 있어서 판단에 활용해야 합니다. 이렇게 하기란 쉽지 않죠. 원문의 의미와는 좀 달라도 새로운 실용적 해석을 해보고자 합니다.

대소大小, 크다·작다 - 크게 생각하고, 작게 생각하라.
본래 의미는 본체와 현상을 의미하지만, 큼·작음, 선·후, 근본·지말, 같음·다름, 전체·개체, 일반·특수, 추상적·구체적, 주·종 등의 상대적 개념으로 파악할 수 있습니다. 몇 가지 보기를 들어보면

· **근본을 생각한다.** 무엇이 더 본질적인지 생각해야 합니다. 본체와 현상을 함께 보고 판단할 줄 알아야 합니다. 하지만 생활 속에서 만나는 경계 속에서 손쉽게 생각하자면 무엇이 더 근본적인지를 따져보면 지혜로운 생각에 도움이 됩니다. 예컨대, 열이 오르는 환자에게 해열제만 처방하면 큰 병을

놓칠 수 있죠. 열이 나게 하는 근본적인 원인을 찾아내야 합니다.

• 무엇이 더 중요한지 생각한다. 핵심 가치와 우선 가치를 잊어버리고 판단을 하면 잘못된 판단을 할 수 있습니다. 세상에 중요하지 않은 것이 없지만 경계를 응해서 우선적으로 고려해야 할 가치를 챙겨 생각하면 도움이 됩니다. 예컨대, 생명, 재산, 명예, 취향, 체면, 신념 등 다양한 가치들이 뒤섞여서 충돌하고 있는 경계에 응해야 할 때는 가장 소중하게 여기는 가치를 판단 기준으로 삼아야 합니다.

• 크고 넓게(大) 보고 판단해야 한다. 개별적인 것에 국집하지 않고 전체를 보고 크게 볼 수 있어야 합니다. 예컨대, '나무만 보지 말고 숲을 보라'는 말과 일맥 상통합니다. 작은 옳음 작은 이익을 따라 최선을 다했지만 그 작은 옳음과 이익들을 모아놓고 보니 큰 잘못이 되거나 큰 손해로 이어지는 일을 흔하게 볼 수 있습니다.

• 작은 것도(小) 잘 보아야 한다. 큰 것, 대의, 전체, 본질적인 것만을 보다가 개별적 존재들의 존귀함, 일의 특수성을 간과할 수 있습니다. 예컨대, '처처불상'이란 공통적 불성이라는 일반성만이 아니라 개별적 존재들 각각의 특수성과 존귀함을 함께 의미합니다. 이치나 일에 있어서도 이 개별성과 특수성이 충분히 감안 되어야 합니다. 대체로 일상생활 속에서 작은 것에 얽매이는 생활을 하기 쉽기 때문에 균형을 맞추기 위해서 큰 것(大) 중심으로 언급했을 뿐입니다.

자칫 '대大'와 '소小'가 서로 상치되는 것으로 이해해서는 곤란합니다. 대자리를 제대로 보아야 소자리를 제대로 볼 수 있는 것이고, 낱낱의 소자리를 잘 보려면 당연히 근본적인 대자리를 제대로 보아야 합니다. 예컨대, 본질과 현상이 둘이 아니고, 체와 용이 둘이 아니고, 음과 양이 둘이 아니듯 대와 소도 둘이 아닌 것입니다.

교리적으로 보면 '일원상의 진리'에서 '분별 없는 자리'는 대 자리이며, '분별 있는 자리'는 '소'자리라 할 수 있습니다.

유무有無, 있다·없다, 변화 - 유는 무로 무는 유로 변화함을 생각하라.
원문에는 '천지의 춘·하·추·동 사시순환과, 풍·운·우·로·상·설과 만물의 생·로·병·사와 흥·망·성·쇠의 변태를 이름'한다고 되어 있습니다. 소태산의 독특한 표현 방식이죠. 있음·없음, 변·불변, 무상無常·유상有常, 인과보응·불생불멸 등의 개념으로 대응해서 이해할 수 있습니다. 만물은 고정불변하지 않고 늘 변화한다는 측면을 유념해서 생각할 필요가 있습니다. 집착하고 주착하는 어리석음에서 벗어나기 위해서 그리고 늘 변화하고 있는 상황에 유연하게 대응하기 위해서도 모두 변화한다는 관점을 유념할 필요가 있습니다.

경계와 당사자들의 마음, 상황은 언제 어떻게 변화할 것인가를 생각해야 합니다. 천지 만물은 늘 변화합니다. 우주는 성주괴공으로 인간은 생·로·병·사로 변화하고 인간사는 흥·망·성·쇠를 거듭하죠. 고정불변한 것은 없죠. 변화의 이치에 바탕해서 경계를 파악하고 심신작용을 판단해야 합니다. 물론 변화하지 않는 불변의 이치, 유상의 이치도 늘 함께 존재하고 있으니 염두에 두어야 합니다.

예컨대, 견디기 힘든 감정의 격랑도 시간이 흐름에 따라 잠잠해질 수 있습니다. 모두 변합니다. 사람의 마음도 그렇고 상황도 그렇죠. 고정불변한 것이 아닙니다. 그 변화의 흐름을 잘 감지하고 예측해서 거기에 맞게 심신작용을 해야 합니다.

교리적으로 보면 '일원상의 진리'에서 '진공묘유의 조화'로 우주만물이 변화하는 자리라고 볼 수 있습니다. '일원상 서원문'의 '무상으로 보면 우주의 성주괴공과 만물의 생로병사와 사생의 심신작용을 따라 육도로 변화를 시켜'라는 내용에 속합니다. 심신작용에 따라 '혹은 진급으로 혹은 강급으로 혹은 은생어해로 혹은 해생어은으로 이와 같이 무량세계를 전개'하게 된다고 한 내용입니다. 경계에 응해서 어떻게 심신작용을 하느냐에 따라 그 결과는 예측하기 힘들 정도로 달라진다는 것입니다.

시비是非, 옳다·그르다, 정의·불의 – 이 상황에서 무엇이 옳은지 생각하라.
일의 종류가 무한하기에 시비의 종류도 한이 없습니다. 경계마다 일마다 시비가 따르죠. 옳고 그름을 구분하는 기준이 있어야 합니다. 시비의 기준을 제대로 마련하려면 이치의 대소유무에 대해 잘 알아야 합니다. 이치에 어두우면 시비를 제대로 가릴 수 없기 때문입니다.

예컨대, 암에 걸리면 환자를 위해서 수많은 처방이 제안됩니다. 최첨단 치료법부터 듣지도 보지도 못한 민간요법까지 모두 환자의 건강을 위한 선의에 기초한 것이죠. 하지만 그 가운데는 환자의 건강을 악화시키는 제안도 있습니다. 제안하는 사람들은 나름의 이유와 근거가 있죠. 그렇다고 해서

'옳은' 것은 아닙니다. 병과 처방 사이에 인과관계가 성립해야 합니다. 병과 치료의 이치를 모르고는 시비를 가릴 수 없습니다.

자연과학의 세계가 아니라 사회과학적 세계의 옳고 그름의 문제는 더 복잡하고 힘들죠. 무엇이 옳고 그른지 가리기가 매우 힘듭니다. 더구나 개인이 일상생활에서 부딪치는 많은 경계에 옳은 대응을 하려면 이미 자신만의 확고한 시비의 기준이 있어야 합니다.

다음을 참고하면 '시비'와 관련해서 성자들의 역할, 종교와 도덕의 기능에 대해서 새롭게 생각할 수 있습니다.

때를 따라 성자들이 출현하여 종교와 도덕으로써 우리에게 정로正路를 밟게 하여 주심이요, 사·농·공·상의 기관을 설치하고 지도 권면에 전력하여 우리의 생활을 보전시키며 지식을 함양하게 함이요, 시비 이해를 구분하여 불의를 징계하고 정의를 세워 안녕 질서를 유지하여 우리로 하여금 평안히 살게 함이니라.

_ 정전, 법률 피은의 조목

이해利害, 이롭다·해롭다 - 진정한 이로움을 생각하라. 자리이타를 생각하라.
이해의 충돌이 없다면 세상살이는 매우 수월할 수 있죠. 그리고 경계도 그만큼 줄어들 것입니다. 하지만 우리 현실은 늘 이익이 충돌하고 약육강식의 각축장이 되기 쉽습니다. 눈앞의 이익에 눈이 멀어서 행동하는 사람들의 결말을 늘 염두에 두고 생각해서 온·생·취해야 합니다.

이로움이 해로움이 되기도 하고 해로움이 이로움으로 변하기도 하는 이치를 생각해야 합니다. 내가 어떻게 하면 내게 진정한 이익이 될지, 그 이익은 정당하고 적절한 것인지, 그리고 누군가에게 해를 끼치는 것은 아닌지, 영원히 이로운 것인지, 모두에게 이로운 것인지를 생각해야 합니다. 여러 가지를 생각하기 어렵다면 소태산의 '자리이타自利利他'를 기준 삼기를 권합니다.

동포에게 자리 이타로 피은이 되었으니 그 은혜를 갚고자 할진대, 사·농·공·상이 천만 학술과 천만 물질을 서로 교환할 때에 그 도를 체받아서 항상 **자리이타**로써 할 것이니라.

_ 정전, 동포보은의 강령

강자는 약자에게 강을 베풀 때에 **자리이타법**을 써서 약자를 강자로 진화시키는 것이 영원한 강자가 되는 길이요, 약자는 강자를 선도자로 삼고 어떠한 천신 만고가 있다 하여도 약자의 자리에서 강자의 자리에 이르기까지 진보하여 가는 것이 다시 없는 강자가 되는 길이니라. 강자가 강자 노릇을 할 때에 어찌하면 이 강이 영원한 강이 되고 어찌하면 이 강이 변하여 약이 되는 것인지 생각 없이 다만 자리 타해에만 그치고 보면 아무리 강자라도 약자가 되고 마는 것이요, 약자는 강자 되기 전에 어찌하면 약자가 변하여 강자가 되고 어찌하면 강자가 변하여 약자가 되는 것인지 생각 없이 다만 강자를 대항하기로만 하고 약자가 강자로 진화되는 이치를 찾지 못한다면 또한 영원한 약자가 되고 말 것이니라.

_ 정전, 강자·약자의 진화상 요법

대산 종사 말씀하시기를 "개인과 인류가 영세토록 다 같이 잘 살아갈 생활 표준은 대종사께서 밝혀 주신 자리이타의 도라, 이 표준대로만 살고 보면 나도 이롭고 남도 이롭고 일체 동포가 이롭고 현생도 좋고 내생도 좋으리라. 그러나 부득이 자리이타가 되지 않을 때에는 내가 해를 차지하는 자해타리 自害他利의 도를 실천해야 할 것이니 이것이 바로 불보살의 생활이니라."

_ 대산종사법어, 교리편 37장

• 대·소·유·무 시·비·이·해 - 팔자를 알아야 철든 사람이다 •

3. 취사 - 자문자답

온·생·취 자문자답은 평소 천만경계에 내가 어떻게 대응하는지를 돌아보고 심신작용을 할 때 마음을 챙기기 위한 것입니다.

취사 - 자문자답은 소태산의 삼학 가운데 취사에 관련된 '작업취사'를 중심으로 문항을 만들었습니다. 이 내용은 종교와 상관없이 누구나 내 행동과 습관을 성찰하고 마음을 챙기는 데 활용할 수 있습니다.

다음은 취사하는 마음가짐에 관한 몇 가지 문항입니다. 어떤 경계에 응해서 심신작용을 할 때 실행력을 챙기기 위한 것입니다. 또한 심신작용을 한 다음에 자신의 심신작용을 성찰하고 대조하기 위한 문항이기도 합니다. '그 경계'에 대한 '나의 대응' 행동이나 상황, 마음의 상태 등을 적어봅니다.

취사

1. '생각'(결심)한 대로 '실행'하나요?
2. 어떤 '욕심'에 따라 행동하고 있지 않나요?
3. 어떤 '습관'에 따라 행동하고 있지 않나요?
4. 무엇을 취(取)하고 무엇을 버리나요(捨)?
5. 취사, 실행의 결과는 은혜로운가요?

취사 取捨 - Act　　작업취사 / 실행의 힘

1. '생각'(결심)한 대로 '실행'하나요?

2. 어떤 '욕심'에 따라 행동하고 있지 않나요?

3. 어떤 '습관'에 따라 행동하고 있지 않나요?

4. 무엇을 취(取)하고 무엇을 버리나요(捨)? (심화과정)

5. 취사, 실행의 결과는 은혜로운가요? (심화과정)

이미 행한 심신작용에 대해서는 문항을 과거형으로 바꿔서 응답하면 됩니다.

'생각'(결심)한 대로 '실행'하나요?

생각한 대로 마음먹은 대로 실행을 한다는 것은 쉽고도 어려운 일입니다. 마음속으로는 '이렇게 해야지'하면서도 실제로는 다른 행동을 하곤 합니다. 의지가 약한 경우입니다. 소태산 대종사는 실행력, 취사력으로 표현했습니다. 마음먹은 것을 실행하지 못하게 하는 요인은 욕심과 습관입니다. 이것을 극복해야 누구나 바라는 '낙원'을 맞아올 수 있다고 보았습니다. 하기로 한 일을 '유념' 조목을 삼아서 늘 대조하고 점검하는 노력을 해서 차근차근 실행력, 취사력을 길러야 합니다.

'대범, 우리 인류가 선善이 좋은 줄은 알되 선을 행하지 못하며, 악이 그른 줄은 알되 악을 끊지 못하여 평탄한 낙원을 버리고 험악한 고해로 들어가는 까닭은 그 무엇인가? 그것은 일에 당하여 시비를 몰라서 실행이 없거나, 설사 시비는 안다 할지라도 불 같이 일어나는 욕심을 제어하지 못하거나, 철석같이 굳은 습관에 끌리거나하여 악은 버리고 선은 취하는 실행이 없는 까닭이니, 우리는 정의어든 기어이 취하고 불의어든 기어이 버리는 **실행 공부**를 하여, 싫어하는 고해는 피하고 바라는 낙원을 맞아 오자는 것이니라.'

_ 정전, 작업취사의 목적

• 실행으로 마음의 자유를 증명하라 •

어떤 '욕심'에 따라 행동하고 있지 않나요?

범죄와 같은 악업惡業의 원인은 무엇일까요? 특히 충동범죄의 이면엔 무엇이 있을까요? '불같이 일어나는 욕심'이 숨어있는 주범일 수 있죠. 나를 이끄는 힘, 원인을 알아채야 바른 취사를 할 수 있습니다. 욕심을 알아차려야 심신작용을 제대로 알아차릴 수 있고 그래야 온·생·취를 할 수 있습니다. 온전한 생각을 챙겼어도 취사를 제대로 하지 못하면 온·생·취를 제대로 한 것이 아닙니다.

　인간의 욕심 가운데 대표적인 다섯가지를 오욕五慾이라고 합니다. 식욕食慾·색욕色慾·재물욕·명예욕·수면욕입니다. 인간의 생존을 위해 반드시 필요한 욕심도 있고 명예욕과 같은 다른 차원의 욕심도 있습니다. 욕심을 단지 '나쁜 것'이라고 평가하기 전에 깊이 이해하고 인정하면서 제대로 알아차리는 마음공부가 필요합니다. 그래야 자신의 행동을 이해할 수 있습니다.

설사 시비는 안다 할지라도 불 같이 일어나는 욕심을 제어하지 못하거나, 철석같이 굳은 습관에 끌리거나 하여 악은 버리고 선은 취하는 실행이 없는 까닭이니,

_ 정전, 작업취사의 목적

● 욕심에 끌려가면 욕심의 노예다 ●

어떤 '습관'에 따라 행동하고 있지 않나요?

욕심을 알아차리기도 쉽지 않지만 오래된 습관을 알아차리고 그 습관으로부터 자유롭게 행동하기가 쉽지 않습니다. 음주 운전이 범죄임을 알면서도 습관 따라 하는 것과 같이 습관의 지배를 벗어나는 것은 의외로 어렵습니다.

이렇게 누구나 잘못임을 알고 있는 단순한 습관들도 있지만 다른 한편으로는 오랜 경험을 통해 학습한 많은 것들 가운데 일부가 습관이 되기도 하죠. 나쁜 습관은 물론이고 좋은 습관도 경우에 따라 온·생·취를 하는 데 도움이 되지 않을 수 있습니다.

상황이나 경계는 엄밀히 말해서 그때그때 모두 다릅니다. 같은 경계란 없다고도 할 수 있죠. 새롭게 조우하는 경계에 최선을 다해서 온·생·취를 해야 하는데 습관적으로 대응한다면 심각한 문제가 발생하고 취사의 결과가 좋지 않을 수 있습니다. 문제는 자꾸 바뀌는데 한 번 정해 놓은 답을 반복하는 것과 같습니다. 평소에 자신의 크고 작은 습관들을 파악하고 있어야 하고 경계 따라 그 습관들이 어떻게 심신작용을 지배하는지 알아차려야 합니다. 습관이라는 틀에서 벗어나야 온·생·취가 가능합니다.

설사 시비는 안다 할지라도 불같이 일어나는 욕심을 제어하지 못하거나, **철석같이 굳은 습관**에 끌리거나하여 악은 버리고 선은 취하는 실행이 없는 까닭이니,

_ 정전, 작업취사의 목적

❝ 습관이 곧 운명이다 ❞

무엇을 취取하고 무엇을 버리捨나요? (심화과정)

취사란 결국 무언가를 취한다는 것이고 이는 동시에 무언가를 버린다는 의미가 됩니다. 예컨대, 사과와 배 가운데 사과를 '취取'한다는 것은 배를 '사捨'한다는 것이죠. 당연한 사실이지만 많은 사람들이 '취'를 생각하면서도 정작 '사'(버림)를 깊이 생각하지 않습니다. 분명한 취사를 한다는 것은 취와 사가 모두 분명해야 합니다. 사과와 배를 함께 먹을 수 있다면 문제가 없습니다. 하지만 하나를 선택해야 한다면 결국 하나를 포기해야 하죠.

 '사과를 선택하나요?' 라고 물으면 '그렇다'고 대답하면서도 이어서 '그럼 배는 포기하시는 겁니다. 맞죠?' 라고 물으면 다시 갈등을 하는 경우가 많습니다. 아직 취사가 분명하게 되지않은 상태인 것입니다.

 현대인들은 예전보다 더 많은 선택 갈등에 직면합니다. 처리해야 할 정보가 많고 더 많은 사람과 관계를 맺고 매우 복잡한 일들을 신속하게 처리해야 하기 때문입니다. '선택장애'라는 새로운 개념까지 등장했습니다. 결국은 취사의 문제죠. 무언가를 포기하고 무언가를 희생할 것인가를 명확히 해야 취사가 쉬워질 수 있습니다. 그래야 취사 이후에 다시 갈등하는 일을 줄일 수 있습니다.

우리는 정의어든 기어이 취하고 불의어든 기어이 버리는 실행 공부를 하여, 싫어하는 고해는 피하고 바라는 낙원을 맞아 오자는 것이니라.

_ 정전, 작업취사의 목적

버리고 희생해야 취사다.

취사, 실행의 결과는 은혜로운가요? (심화과정)

온·생·취 마음공부는 취사가 핵심입니다. 심신작용을 잘해야 하고 잘했는지 못했는지는 그 결과에 달렸습니다. 내 의도와 내가 선택한 실행이 선했다고 해도 그 의도와 실행이 좋은 결과까지 보장하는 것이 아닙니다. 인과의 이치에 맞아야 하고, 좋은 결과를 맺기까지는 수많은 변수들과 상황들이 영향을 미치죠. 불교에서 '인과仁果의 이치'를 '인연과因緣果의 이치'로 표현하기도 하는 이유입니다. 원인과 결과 사이에 가늠하기 힘들만큼 다양한 조건과 상황이 있음을 염두에 두어야 합니다.

 아래 법문은 소태산이 취사의 결과를 공부의 목적으로 삼았음을 알 수 있는 대목입니다. 온·생·취하려는 마음이 일차적으로 중요하지만 결국은 그 결과가 은혜로워야 함을 강조하고 있습니다. 공부가 '깊은' 단계로 가려면 일의 결과까지 책임지는 것이 유념공부입니다. 그 단계까지 가야 취사, 온·생·취의 목적이 제대로 살아납니다.

유념·무념은 모든 일을 당하여 유념으로 처리한 것과 무념으로 처리한 번수를 조사 기재하되, 하자는 조목과 말자는 조목에 취사하는 주의심을 가지고 한 것은 유념이라 하고, 취사하는 주의심이 없이 한 것은 무념이라 하나니, 처음에는 일이 잘 되었든지 못 되었든지 취사하는 주의심을 놓고 안 놓은 것으로 번수를 계산하나, 공부가 깊어가면 일이 잘되고 못된 것으로 번수를 계산하는 것이요,

_ 정전, 상시일기법

❝ 결과도 좋아야 좋은 취사이다. ❞

○

프로그램 감상담

첫 번째 지도자 과정을 수료한 분들이
프로그램 체험 후
느낀점과 배운점을 써주셨습니다.

보증수표

나의 생각이 하루 중 어디로 가장 많이 흘러가고 마음대로 잘 안되는 부분은 무엇인지 체크해 볼 수 있었던 소중한 시간이었습니다. 또한 은혜의 관점에서 온·생·취를 바라보고 취사를 하려고 하니 어느 순간에는 습관대로 할 수가 없어 답답하고 화가 나기도 했습니다.

하지만 온·생·취 공부 표준을 배우고서 생활 속에서 후회하는 건수가 차차 줄어들더라구요. 나를 책임질 수 있는 보증수표 같다는 생각이 들었습니다. 온·생·취 공부를 하면서 나에게 숙제가 하나 생겼어요. 온전함의 깊이가 깊어야 취사를 하고 나서 마음의 잔재가 적게 남겠구나.

그리고 프로그램에 참여하는 동안 매일 감사일기와 온·생·취 자문자답을 기재하면서 내면에 힘이 생겼어요. 생각도 유연해졌으며 이해의 폭도 넓어짐을 확인할 수 있었습니다. 과거에 머물렀던 부정적인 생각들과 기억들이 많이 사라지면서 지금 현재 시점에서 감사를 찾고 온·생·취를 한다는 사실이 가장 큰 변화였어요.

과거의 기억에서 벗어나지 못하는 사람들에게 도움이 될 거라는 확신이 들었습니다. 앞으로는 좀 더 진리적인 관점과 사실적인 관점에서 깊은 통찰과 감사의 시간을 갖고 싶습니다. 의념적으로 했던 감사와 온·생·취에서 근원적인 자리에서 바라보고 느낄 수 있는 공부를 하고 싶습니다.

_ 김성민님

대종사님이 내어주신 한마디

'응용하는 데 온전한 생각으로 취사하기를 주의하라.' 조용한 선방이 아닌 직장에서 가정에서 복잡한 오늘을 살아가는 나에게 대종사님이 내어주신 한마디. 그러나 어떻게 해야 할지도 모르고 감을 잡을 수 없었습니다.

세상에는 '경계마다 감사'라는 말이 낯선 사람도 있을텐데, 내가 그런 사람이었습니다. 오늘 하루 내 존재가 기뻐야 '산다는 것에 은혜'를 느낄 텐데, 인생의 의미를 찾을 수 없고 무거운 짐을 지고 가는 것 같다면 감사를 느끼기 어렵습니다. 내가 뭐 큰 고난을 겪은 것은 아니지만 그냥 성향이 그랬던 것 같습니다.

그러나 소태산 마음학교에서 공부하면서 나는 생각합니다. 세상에 태어나서 참 좋다고……, 소태산 대종사님을 만나 일상에서 작은 기쁨과 의미를 찾게 되어 너무 좋습니다. 그래서 행복한 제자입니다. 그렇게 내 존재를 긍정하고 세상을 보니 온갖 감사할 일이 꽃처럼 피어납니다. 온·생·취, 감사보은 과정을 통해 이런 섬세한 눈을 뜨게 되어 감사합니다.

그러나 지금도 여전히 어려운 것 같습니다. 내가 미숙한 데에서 시작해야 다른 사람에게도 잘 알려줄 수 있겠지요. 차근차근 온·생·취 마음공부 기술을 익혀서 다른 사람들에게도 잘 알려줄 수 있도록 하겠습니다.

_ 박순명님

삼학병진의 이로움

온·생·취 프로그램에 참여하며 나의 마음 습관과 관성들을 주의 깊게 보았습니다. 김유신 장군이 자동적으로 술집으로 가던 말의 목을 베어냈듯이 저도 그런 마음의 습관을 죽기로써 멈춰 보았습니다.

고민이 있으면 엄마, 남편 등 가까운 이에게 말로 풀면서 위로받고 나를 보호하는 대신, 멈추고 기도하고 호흡하면서 내 마음을 가만히 지켜봐 주고 또 다독이고 꾸짖기도 하면서 온·생·취, 동시 삼학공부를 했습니다.

공부하는 과정에서 온갖 감사를 다 덮는 한 원망을 발견하니 신기하고 재미있었습니다. 그렇게 사랑하고 고마웠던 남편의 잔소리에 순간 '원망심'이 올라오는 것이 보였어요. 습관적으로 일어나는 온갖 원망의 마음이 보였습니다. 원망은 녹이고 잔소리의 실상만 공부 삼았습니다.

취사取捨만 갖고 씨름할 때보다 엄청 쉬워졌습니다. 내 원망심이 가린 감사를 찾고 온·생·취 공부를 하다 보니, 지금의 서운함은 그간의 고마움을 다 덮기에 너무 작고 보잘 것 없었어요.

삼학병진의 이로움, 스승님의 본래 뜻을 알 수 있어 감사했습니다. 끊임없는 삼학병진과 늘 함께 해주시는 사은님이 계셔 행복하다고 자신있게 말할 수 있어 참 고맙습니다.

_ 오은진님

제2의 직업이 된 '마음공부'

경계를 대할 때마다 요란함을 알아차리고 그 요란한 마음을 멈추고 잘 챙겨보는 것이 온·생·취 마음공부의 시작임을 알게 되었습니다. 항상 멈추고 바라보고 끌리고 끌리지 않는 대중잡는 공부를 해 나가겠습니다.

   모든 일 속에 숨어있는 은혜로움의 소종래를 발견하는데 도움이 되었습니다. 그리고 고마운 것에 대한 감사만이 아니라 원망할 것에서도 감사가 있음을 발견하는 공부가 되었습니다. 은혜가 바탕이 되어야 온·생·취 공부가 됨을 알게 되었습니다.

   특히 천만 경계가 곧 천만 은혜임이 새로웠습니다. 감사를 느끼는 만큼 보은으로 은혜를 갚는 일에 참여하겠습니다. 현재는 한국표준협회에서 컨설팅과 강사 일을 하고 있는데 '마음공부 강사'가 제2의 직업이 되기를 바라며 준비하고 있습니다.

_ 하건양님

매사가 인과와 은혜로

매일 감사일기를 쓰면서 사은님의 은혜에 감사함을 느끼고 실천하는 공부를 하고 있었지만, 가정뿐 아니라 직장에서 적용할 수 있는 방법을 고민하고 있었습니다. 사실 온·생·취에 대한 말은 많이 들었으나 나와 직접적인 관계가 있는 직장에서 바로 활용하는 마음공부인 줄은 잘 몰랐습니다.

프로그램에 참여하면서 직원들과의 관계에서 경계를 찾아, 매주 과제를 수행하고 문답하면서 내 스타일이 아닌 온·생·취 방법으로 풀어가는 법을 배웠습니다. 예전에는 직원들의 시비만 보고 취사를 하였는데 생각을 바꿔 대소유무 이치의 관점으로 보는 훈련을 하며, 매사가 인과와 은혜로 연결되었다는 것을 깨닫는 소중한 시간이었습니다.

매일 의사결정을 해야 하는 위치에서 고민이 많았는데 생활 속에서 공부하는 지름길을 배우는 과정이었습니다. 그동안 원불교 공부를 하면서 추구하고 믿어 왔던 일심, 지혜, 정의, 감사, 봉공에 대해 새롭게 깨닫게 되며 직원들과 함께 공부하고 싶은 마음이 생겼습니다.

_ 강준규님

완벽함이 아닌 '온전함'

평소에 '온전한 생각이' 곧 '올바름, 완벽함' 이라는 느낌이 너무 강했습니다. 상담 전공은 하였지만 마음공부를 전문적으로 하지는 않았습니다. 경계를 찾고 기재하는 훈련을 하면서 올바름과 완벽함을 추구하는 나의 고정관념을 발견한 것이 큰 소득입니다.

   나에게 있어서 '무엇이 중요하지' 올바르고 완벽함이 아니라 '온전한 생각'을 하려고 멈추고 바라보는 그 시간이 필요하구나. 그 온전함으로 행동하려는 내가 보이면서 많은 변화가 생겼습니다.

   감사한 것을 알고는 있었으나 말하지 않는 습관이 내게 있었구나. 큰 것은 감사하다고 표현하지만 작은 것에는 인색했구나. 주변을 둘러보니 나를 위해 존재하는 것들이 이렇게 많구나. '고맙다. 감사하다.' 이렇게 표현하며 하루를 시작합니다. 상담공부와 마음공부가 많이 닮았다는 것을 알게 되었습니다.

_ 박경은화님

온·생·취의 지혜로 도전

늦은 나이에 사회복지사 2급 자격증을 취득했습니다. 그러나 1급 시험에 합격하기 위해서는 많은 비용과 노력이 필요해서 무척 망설였습니다. 숨 가쁘게 돌아가는 일에 매몰되지 말고 어떤 일을 결정하기 전에는 마음의 여유를 가지고 숨을 고르면서 잠시 멈추고, 깊이 생각하고 선택하는 온·생·취 지혜에 대입해 보았습니다.

처음에는 비교도로서 낯선 용어에 걱정을 많이 했어요. 그런데 프로그램에 참여할수록 세상의 모든 일에는 원인과 결과가 있고, 그 원인을 찾아보고 나쁜 상황과 결과에 대해서도 감사하고 고마움을 찾아야 한다는 것을 알게 되면서 자신감이 생겼어요. 신중하게 온·생·취 마음공부에 내 경계를 대입해 보면서 편안하고 여유로운 마음으로 1급 시험에 도전해 보기로 마음먹었습니다.

설사 이번에 1급 시험에 합격하지 못하더라고 크게 실망하지 말고, 다시 집중적으로 공부해서 도전하면 언젠가는 합격할 것이라는 희망도 생겼습니다. 현재는 시골에서 아이들에게 상담교사로 재능기부를 하고 있습니다. 자격증을 더 갖추어 센터장이나 새로운 사회복지 분야에 도전하고 싶은 용기도 생겼습니다.

_ 신옥봉님

먼저 자신훈련이 되어야

처음에는 나와 생각이 다른 이를 설득하거나 이해시키고 싶을 때 좀 더 감동적인 단어를 쓰고 싶기도 하고, '아~ 그때 이 말을 할걸' 후회하지 않기 위해서 온·생·취가 필요하다고 생각했어요. 그런데 공부를 하면서 온·생·취가 무엇인 줄도 몰랐고 연마와 연습이 되지 않았다는 사실을 알았습니다.

 인과와 은혜가 밑바탕에 깔려있어야 온·생·취가 가능하구나. 매주 새로운 방식의 감사일기와 온·생·취 과제를 하면서 그동안 시야가 좁았음을 알게 되었습니다. 동포은에 대한 감사에 비해 천지와 법률은에 대한 감사와 보은이 미흡하다는 것을 깨달았습니다.

 그리고 가족교화가 어렵게 느껴졌는데 감사일기, 온·생·취 마음공부를 가장 가까운 우리 가족, 우리 교당부터 해보고 싶어요. 자신훈련이 되어야, 교도훈련, 국민훈련, 인류훈련이 된다는 믿음을 얻었습니다.

_ 이장인님

몸과 마음이 편해졌어요

그동안에는 모든 일들을 '내가 해야만 한다'고 생각하고 주장하다 보니 몸이 많이 힘들고 화가 많았습니다. 그러나 프로그램에 참여하면서 내 마음을 먼저 바라보고 온·생·취로 경계를 알아차리고 생각하며, 대소유무 이치로 바라보게 되었습니다.

 그리고 모든 일에는 양면성이 있기에 내가 감사하는 마음을 가지면 감사할 일이 너무 많다는 것을 체험했습니다. 상대를 보기 전에 나를 먼저 바라보니 내 몸과 마음이 편해지는 것을 느꼈습니다.

 앞으로는 '내가 해야된다'는 주착심을 내려놓고 순리대로 해야겠다는 마음입니다. 경계를 대할 때마다 온·생·취하며 지혜롭게 살아가려고 노력하겠습니다. 대종사님 법을 만나 감사하고, 이 공부를 함께 할 수 있어 행복합니다.

_ 남화연님

경계가 있어도 없어도 온·생·취

일상생활의 주문이 온·생·취가 되었습니다. 천만 경계를 당했을 때 이를 온전하게 생각하고 취사하는 마음의 힘이 생기고, 순간순간 식사를 하면서도, 옷을 입으면서도, 샤워를 하면서도, 사람들과 만나며 이야기하면서도 온·생·취 주문을 마음속으로 되뇌입니다. 일상에서 순간순간 마음을 다하려고 합니다.

'지금 여기 깨어있기'라는 말이 이런 것이구나 싶습니다. 온·생·취가 주는 마음공부의 깊이를 내 삶 안에 스며들게 하고 싶습니다. 경계가 있어도 없어도 온·생·취하는 일상이 행복합니다. 덕분에 감사 생활의 폭이 넓어지고, 원망심, 불편한 마음, 역경이 주는 감사함을 생각해 보는 계기가 되었습니다.

_ 이여원님

생각하는 시간이 깊고 넓어졌어요

지역에서 시민단체 활동을 하고 있습니다. 내 주변에 있는 활동가, 정치인들도 마음공부가 필요하다는 것을 많이 느낍니다. 마음학교에서 배운 것을 여행 중에 두 딸하고 100 감사를 써 내려가면서 '감사생활은 은혜를 발견하는 것'임을 다시 한번 깊이 느꼈습니다.

   그리고 온·생·취 과정에 참여하면서 생각은 다음이고 행동이 먼저였던 점이 크게 완화되었습니다. 습관대로 행동하던 것을 멈추려 노력하고, 생각하는 시간이 더 깊고 넓어졌어요. 4주 과정 동안 일이 많아 참석하는데 어려움이 있어 아쉬웠어요. 다음 기회에 또 참석하고 싶습니다. 경계에 대한 해결방법을 확실히 배워갑니다. 감사합니다.

_ 주은경님

少太山의 마음공부
온·생·취

발행일 | 원기 104년(2019) 12월 30일
지음 | 최정풍 교무
엮음 | 소태산 마음학교

디자인 | 박유성
인쇄 | (주)문덕인쇄

펴낸곳 | 도서출판 마음공부
등록번호 | 305-33-21835(2014. 04. 04)
주소 | 전북 익산시 익산대로 463, 3층
전화 | 070-7011-2392
ISBN | 979-11-955860-7-3
가격 | 10,000원